ALAS DE PAPEL

RETAZOS

RETAZOS

HISTORIAS INSPIRADAS EN VIVENCIAS PERSONALES

Luis Amat Vidal

ALAS DE PAPEL

© Texto, maquetación y diseño: Luis Amat Vidal
© Diseño de cubierta: Luis Amat Vidal. Imagen de fondo: Pixabay
© Edición: Asociación Alas de Papel
Impresión y encuadernación: Masquelibros S.L.

Retazos. Historias inspiradas en vivencias personales
Primera edición: febrero 2024
ISBN: 978-84-127654-0-3
Depósito legal: A 12-2024
Impreso en España - Printed in Spain

Que los retazos del pasado
no detengan mi presente

Retazos es un conjunto de historias
que contienen partes de mí
Foto: Pixabay

ÍNDICE

A través de varios retazos de vivencias
personales, pretendo entretenerte, lograr
que empatices con los personajes y que te
sorprendas con el desenlace de los relatos
Foto: Akraimagen

RETAZOS

En mi mente nacen las frases, giran y giran sin parar; es un círculo vicioso. Mis palabras necesitan fluir aunque nadie las escuche, las acepte, o las rebata. Cuando las vocalizo, se expanden por las paredes, revolotean a mi alrededor, me observan y preguntan a dónde deben ir. Mi entorno está lleno de expresiones girando como una peonza que nunca se detiene. Incluso las veo, son como pequeños fantasmas blanquecinos y transparentes que dan vueltas y vueltas a mi alrededor para acabar regresando de nuevo a mí. Entonces no me queda otra que escribirlas, canalizarlas, ordenarlas y traspasarlas a la pantalla de mi ordenador a través del teclado, cuyo sonido seco al pulsar letra tras letra se convierte en la conversación de la que surge el relato, en la expresión de mis sentimientos que ya podré compartir.

En esos momentos soy yo mismo en medio de la soledad, y las palabras me surgen de dentro con fuerza, tal como cuando descorcho una botella de buen cava brut nature queriendo llenar las copas para que los demás puedan brindar y saborearlo conmigo.

Termino un párrafo, me levanto, recorro el corto pasillo un par de veces. El sonido de mis pasos ordena mis ideas para poder continuar. Vuelvo, recapacito, busco las frases más adecuadas de entre todas las que revolotean a mi alrededor, las cojo al vuelo y las dejo caer en mi teclado. Creo que desde ese momento son felices porque dejarán de vagar eternamente.

Siempre me ha gustado escribir. He redactado artículos y muchos textos destinados a anuncios publicitarios. Me dedicaba, además de a grafista, a ser eso que ahora llaman *copywriter*. En cada carta de marketing directo contaba una breve historia capaz de alcanzar la fibra emocional del público objetivo para predisponerlo a la compra (*no se venden zapatos, sino pies bonitos*): escritura creativa con finalidad publicitaria.

Hace ya unos cuantos años, me adentré en el mundo de los relatos. Escribía páginas y más páginas como un loco. Tenía ser capaz de narrar de manera totalmente visual, como lo hacía en mis anuncios y en mis cartas de marketing, las historias que bullían en mi cabeza, para que las palabras pudieran trasmitir imágenes a la mente del lector, despertaran su interés y le entretuvieran.

Gracias al editor y escritor Juan Carlos Pereletegui, pude participar en tres de las antologías tituladas *Palabras de Seda Fina*, recopilación de relatos que Juan Carlos, a quien expreso mi gratitud por su labor docente, publica cada año bajo su sello, Los Libros de Balmenhorn.

Fue precisamente Pereletegui quien me animó a convertir en novela el relato que tenía esbozado para la edición de 2020. De ahí nació *¡Por la libertad!*, que comencé a escribir tras un año de investigación histórica y costumbrista, teniendo a la vez que convivir con el Covid, lidiar con una operación de cáncer y atravesar una crisis matrimonial, que meses más tarde acabó en separación. Todo un panorama.

A pesar de las adversidades, en noviembre de 2022 publiqué la novela, que en junio de 2023 alcanzó su tercera edición. Fue uno de los libros líderes de ventas en la Feria de Alicante y, presentado en varias localidades fuera de la provincia, ha sido muy bien acogido por los lectores.

Resultó una experiencia apasionante situarme en la Alicante del siglo XIX y convertir en palabras las imágenes con las que iba tejiendo la trama. Quizá lo haya conseguido, porque, Juan Antonio Barrio, doctor en Historia, escribe en el prólogo: «Me ha llamado la atención el estilo cinematográfico que mantiene el autor, posiblemente debido a su formación en Marketing y Publicidad, y por ello muy acostumbrado a la forma visual de expresarse durante toda su dilatada trayectoria profesional».

Actualmente acaricio algunas ideas para la siguiente novela, cuya realización se prevé larga. Mientras tanto, he creído conveniente, con el fin de tenerlos unidos, agrupar en un libro varios relatos, algunos anteriormente publicados, ahora mejorados e incluso modificados.

Retazos es un conjunto de historias que contienen partes de mí: una sensación, un detalle, un sentimiento, una experiencia personal, que me han servido de base para construirlas, y cuyo objetivo es agradar al lector.

Como en mi novela, varias de las narraciones tienen como fondo hechos y lugares reales. Hay un elemento común en todas ellas: las referencias a Alicante, mi querida tierra.

En este libro encontrarás siete relatos, cuya corrección de estilo han sido realizadas por Madeli Merino. Siete, porque el siete es para mí la cifra mágica; el número perfecto según Pitágoras —y según mi padre, que fue profesor de matemáticas y gran pedagogo—; la cifra de la que dijera Hipócrates: «Por sus virtudes ocultas, tiende a realizar todas las cosas; es el dispensador de la vida y fuente de todos los cambios, pues incluso la luna cambia de fase cada siete días. El número siete influye en todos los seres sublimes».

A través de estos retazos de vivencias personales, pretendo entretenerte, lograr que empatices con los personajes y que te sorprendas con el desenlace de los relatos. Si lo consigo, habré cumplido mi misión con creces.

Gracias por leerme.

Luis Amat Vidal
Enero de 2024

...son como pequeños fantasmas blanquecinos
y transparentes que dan vueltas y vueltas
a mi alrededor
Foto: Pixabay

Óscar era retratista, y muy bueno
por cierto. Dibujaba las expresiones
con una inusual maestría
Foto: Luis Amat Vidal

EL RETRATO

Nada es más honorable que un corazón agradecido.
(Séneca)

1

Como cada tarde de los fines de semana, excepto cuando el mal tiempo se lo impedía, Óscar Muñoz Irles, caballete en mano, con sus papeles, caja de pinturas y dos banquetas plegables, cruzó el umbral de su casa en la calle Barón de Finestrat para dirigirse a la Explanada. Había cumplido los sesenta, vivía solo y conservaba esa costumbre desde hacía treinta y tres años. Se sentaba de espaldas al kiosco Peret frente a la impresionante fachada de la Casa Carbonell, joya del modernismo alicantino, y esperaba. Óscar era retratista, y muy bueno por cierto. Dibujaba las expresiones con una inusual maestría; se podría decir que sus retratos eran un fiel reflejo de la personalidad de sus modelos.

Atardecía. El sol de verano, casi en el ocaso, se filtraba entre las ramas de las palmeras y daba sus últimos toques de luz al mosaico rojo, azul y blanco, de onduladas formas importadas de la plaza Rossio de Lisboa. Frente al paseo, de quinientos metros de longitud, se admiraba el entonces puerto pesquero, en el que modestas embarcaciones encendían sus grandes faroles y se apresuraban para salir a faenar durante la noche.

El caluroso julio de 1977 no impedía que gran cantidad de transeuntes disfrutaran de la tarde paseando sin prisa arriba y abajo, o sentándose a descansar en las sillas de madera que alquilaba una empresa privada. La terraza del kiosco Peret también comenzaba a llenarse de clientes para degustar su horchata. El bullicio de la gente amortiguaba el borboteo de los chorros de la fuente luminosa que, situada en el centro de la plaza, ocupaba el lugar donde antaño estuviera la Puerta del Mar de la antigua muralla y, posteriormente, la escultura homenaje a los Mártires de la Libertad. De vez en cuando se escuchaba la voz de algún vendedor ambulante, sobre todo la del barquillero, que hacía las delicias de los chavales, o la de quien anunciaba pomos de azahar para las solapas de los caballeros o los prendidos de las señoras, dejando un inconfundible aroma a su paso.

El sol ya se había ocultado y el guirigay de la noche veraniega daba vida a toda la zona. Pero Óscar tenía poco trabajo, sólo había posado para él un niño de unos ocho años para que, por deseo de sus padres, su retrato fuera un regalo a sus abuelos. La tarde no le iba bien, hacía casi dos horas que nadie solicitaba sus servicios. Óscar era muy supersticioso y culpaba de la mala racha al gato negro que no había parado de merodear a su alrededor. Se ensimismó escuchando al joven chelista que, a pocos metros, tocaba a cambio de unas monedas.

Absorto en la *Suite número 3* de Bach, no se percató de que una persona se había sentado en la otra banqueta.

Se dio cuenta cuando oyó su voz.

—Buenas tardes. ¿Podría dibujarme, por favor?

Óscar tenía frente a él a un hombre probablemente mayor de setenta años, alto, casi calvo, de facciones marcadas y con una poblada barba blanca. A su lado, una mujer elegante, de pelo corto, más o menos de su edad.

—Sí, claro –le dijo— ¿Es para algún regalo?— Siempre lo preguntaba.

—Quiero regalárselo a un viejo amigo, se lo debo.

—Bien, póngase un poco de perfil, mirando hacia aquella farola y relájese.

Óscar lo observó con atención. Antes de que el lápiz resbalara sobre el papel, debía captar la personalidad del modelo. Sus rasgos le eran familiares, aunque no sabía por qué.

El chelo pasó de la *suite* de Bach a la *Sonata en sol menor* de Beethoven, y el lápiz comenzó a trazar. Algunos curiosos se paraban a contemplar el proceso. La delineación del bosquejo construyó las formas de la cara. Los lápices de color, complementados con las barras de pastel, iban iluminando el conjunto. Poco a poco, el retrato tomó vida. Los retoques sobre los párpados y el perfil de la boca, junto con las zonas en penumbra, iban creando una obra a semejanza del modelo, y, conforme avanzaba el trabajo, Óscar estaba cada vez más convencido de que conocía a quien tenía delante. Acabado el dibujo, lo mostró a su cliente, quien se sintió complacido y, tras pagar el precio convenido, le dijo:

—Gracias, Óscar. Este segundo retrato que me has hecho es mucho mejor que el primero. Aquel me lo regalaste tú a mí, este te lo regalo yo. —Y le extendió el papel.

Óscar miró fijamente a su interlocutor, la peonza de los recuerdos comenzó a girar con rapidez en su mente hasta que se detuvo. ¡Claro que lo conocía! Le vino a la memoria su imagen de años atrás, sobre todo la del retrato que le dibujara aquel día inolvidable.

—¡Eres Manuel! —exclamó con un grito de alegría mientras se ponía en pie.

—El mismo —respondió al tiempo que avanzaba con los brazos abiertos en ademán de abrazarlo.

—Pero… ¡estás vivo! ¡No es posible! ¡Te fusilaron en el 41!

Se fundieron en un fuerte abrazo embargados por la emoción.

—Sí, claro que estoy vivo. ¡Ya me ves! Aquel día ocurrió algo que desconoces.

—Treinta y seis años han pasado desde entonces, llevo perfectamente la cuenta. Estás muy cambiado, Manuel. Me ha costado reconocerte.

—Tú sin embargo estás igual. Te he tenido siempre presente y estaba seguro de que algún día volvería a encontrarte. Por cierto —dijo señalando a la mujer—, te presento a Ana.

Óscar recogió presuroso todos sus enseres de pintura y los tres se sentaron en la terraza de Peret. Una ligera brisa mitigó el calor de la noche. El chelo tocaba ahora *El Cant dels Ocells* de Pau Casals. Manuel le debía muchas explicaciones.

2

El llamado Reformatorio de Adultos de Alicante, conocido popularmente como Cárcel de Benalúa, ahora sede de los Juzgados, era entoncesun amasijo de presos que se agolpaban en las celdas. Construido para albergar a seiscientas personas, al acabar la guerra apiñaron entre sus muros a más de tres mil seiscientos reclusos, cuyo único delito era la fidelidad a la República. Muchos de los detenidos en el puerto el 30 de marzo de 1939, tras la frustrada huida en los barcos que nunca llegaron y después de haber estado hacinados en el improvisado Campo de los Almendros, serían encerrados entre los muros del Reformatorio, aunque la mayoría fueran llevados al Campo de Albatera, donde recibirían el trato más vejatorio e inhumano que se pueda imaginar.

Habían pasado casi dos años desde el fin de la guerra, pero los vencedores, en su desmedido afán de borrar del mapa a quienes consideraban «enemigos de la patria», continuaban celebrando unas farsas, a las que denominaban juicios sumarísimos, que acababan con la vida de bastantes reclusos en el paredón. También, fruto de la férrea represión franquista, seguían produciéndose continuas detenciones, si bien los indultos por los considerados delitos menores darían la libertad a muchos presos mientras otros eran trasladados a diversos centros diseminados por el país, todo ello contribuyendo a que en 1941disminuyera la masificación de la cárcel de Alicante.

Óscar Muñoz era un joven alicantino que a sus veintiún años había visto truncada su carrera como artista al no poder terminar sus estudios de Bellas Artes en la Escuela de San Carlos de Valencia, a la que había conseguido acudir gracias al esfuerzo de sus padres, que regentaban un almacén de mercería y paquetería en la calle Liorna. El cierre de la escuela a primeros de 1939, hizo que regresara junto a sus padres, que vivían solos en la calle Barón de Finestrat, entonces Teatinos, ya que Óscar era hijo único.

De nuevo en Alicante, último reducto de la República, fueron contratados sus servicios para diseñar carteles propagandísticos, motivo por el que fue detenido en 1940, acusado de dibujante subversivo y condenado a quince años de cárcel según la ley de Responsabilidades Políticas.

La vida de Óscar en el Reformatorio de Adultos era rutinaria, como lo era la del resto de los presos: diana a las siete, recuento, cantar el *Cara al Sol*, desayuno y patio hasta la una; comida y patio hasta las seis; recuento, rezo, celda, cena y a dormir. Los domingos, todos a misa con obligación de comulgar; después, recepción de las visitas, momento cuya llegada ansiaban porque las familias, si podían, les facilitaban, usando parte de su cartilla de racionamiento, un paquete con alimentos en condiciones que, aunque antes de ser entregado al recluso era registrado por los guardias de la prisión, compensaba la bazofia de caldo negro con patatas y el trozo de pan duro, que era la habitual comida que servían en la cárcel.

La suciedad y la miseria eran notorias, y flotaba en el ambiente la incertidumbre y el miedo, pues, periódicamente, un funcionario, acompañado por un militar, colocaba, en los accesos a las galerías, las citaciones a juicio con la fecha de la convocatoria y la lista de los enjuiciados, que vivián temiendo la condena a pena de muerte. Peor era cuando, ya en las celdas y antes de apagar las luces, se leían los nombres de quienes al día siguiente iban a subir al camión que los trasladaría a la partida de Rabasa para ser fusilados. Podían pasar bastantes días entre la condena y la ejecución, por lo que la angustia era enorme.

Óscar llevaba siempre encima unos lápices de colores y un bloc, dedicándose en los ratos libres a dibujar escenas de la vida cotidiana de los presos, lo que le servía de distracción en las largas horas de cautiverio. Aquella mañana de finales de marzo de 1941, mientras dibujaba a un grupo que, sentado en un rincón del patio, jugaba a las cartas, se le acercó un hombre alto y bien parecido.

—Hola. Me han dicho que eres dibujante. Ya veo que sí.

Óscar levantó la vista y asintió con la cabeza.

—Me llamo Manuel. —Extendió su mano para estrechar la de Óscar—. Quisiera pedirte un gran favor.

—Tú dirás.

—Desearía que me pintaras un retrato. Me van a fusilar y quiero mandárselo a mi mujer y a mis hijas para que me recuerden. No tienen ninguna foto mía, ni siquiera para la boda pudo venir un fotógrafo al pueblo.

Óscar se asombró por la entereza de quien, de pie y frente a él, le hablaba de manera tan sosegada de su inminente trágico final. Con un nudo en la garganta y sin mediar palabra, cogió el material de dibujo e hizo un gesto a Manuel para que le siguiera; ambos se dirigieron a la pared que había junto a la enfermería, estancia en la que un año después moriría Miguel Hernández. Se sentaron y el lápiz comenzó a acariciar el papel. Estuvieron en silencio durante la hora que tardó en dibujarle. El resultado fue un retrato académico y perfecto en el que Óscar procuró no plasmar la mirada triste del modelo. Manuel lo recogió.

—Ha quedado muy bien —dijo mirando el dibujo—. ¿Cuánto te debo?

—Nada, es un regalo mío. Espero que le guste a tu familia.

Manuel estrechó de nuevo su mano, le dio las gracias y sin más, se marchó.

A la hora de la comida Óscar lo reconoció entre varias personas que se encontraban tras él en la cola para el rancho. Una vez le hubieron servido en el mugriento bol metálico, esperó hasta que llenaran el cuenco de Manuel.

—¿Te importa que me siente a tu lado?

—En absoluto —respondió Manuel.

Ambos ocuparon dos sitios contiguos en la larga mesa de madera y empezaron una conversación que luego continuó en el patio.

—Soy maestro —le dijo Manuel—. Me detuvieron porque decían que era una mala influencia para mis alumnos. Por lo visto, mi delito fue defender los valores republicanos y la igualdad de clases.

—¿Estuviste en el frente?

—Sí, formé parte de las milicias de cultura y enseñaba a leer y a escribir a los analfabetos. Jamás participé en ninguna acción bélica.

Manuel le contó, además, que había nacido hacía treinta y ocho años en un caserío a las afueras de Valencia y que, a pesar de que su padre era labrador a jornal, había conseguido con una beca ir a estudiar Magisterio, carrera que acabaría en 1925. Tras aprobar las oposiciones del Estado, obtuvo plaza en Petrés, un pequeño pueblo de la huerta, humilde y atrasado, donde se casó con Ana y tuvo dos hijas, Belén y Carla.

—En el pueblo era feliz, me sentía querido por los vecinos porque, según ellos, trataba muy bien a sus hijos. Yo sólo hacía lo que me dictaba mi conciencia.

Óscar también le explicó quién era y por qué estaba preso.

—¡Ya ves! Encarcelado por pintar carteles en los que vitoreaba a la República.

—Yo puse en práctica nuevas técnicas de enseñanza, —continuó Manuel—, pero casi nadie quería mantener a sus hijos en la escuela más allá de los catorce años porque eran mano de obra, y no te digo nada de las niñas; los padres estaban frustrados, ya que no les podían poner a trabajar en el campo. Aún así, he de reconocer que conseguí grandes logros.

—¿Y cuándo te detuvieron? —quiso saber Óscar.

—Al tiempo que el ejército franquista avanzaba hacia Valencia, me llegaron noticias de que yo estaba en la lista de lo que ellos llamaban «enemigos de España». Huí del pueblo el 28 de marzo a toda prisa con otros vecinos que también estaban en el punto de mira y dejé a mi familia. Subimos a un camión que venía hacia aquí, porque decían que de Alicante estaban saliendo barcos con destino al extranjero. Al día siguiente llegué al puerto, no esperaba encontrar tanta gente. La mayoría narraba cómo el día anterior había zarpado un carbonero con un gentío a bordo y tenía la seguridad de que vendrían varios buques más. Pero, como sabes, no llegaron. Los italianos cercaron el muelle y nos detuvieron a todos.

El resto de la historia de Manuel es sobradamente conocida: lo que ocurrió con los republicanos del puerto, su traslado al Campo de los Almendros y el destino que les aguardaba.

—Hace una semana fui llamado a juicio —continuó—. Me metieron a empujones en una sala y allí tuve que asistir de pie a una patraña. En la mesa que tenía frente a mí había cuatro personas: un militar de alta graduación, que era el presidente; otros dos haciendo las funciones de fiscal y de abogado, y un funcionario que tomaba nota de lo que allí se decía. Sin siquiera mirarme a la cara, el fiscal me acusó de ser persona muy peligrosa por propagar ideas contra el régimen y, sobre todo, de adoctrinar a los alumnos con argumentos opuestos al nacional catolicismo. Pidió la pena de muerte, claro.

—¡Hijos de puta! —exclamó indignado Óscar.

—El que hacía de abogado se limitó a decir que yo estaba considerado como buena persona en el pueblo. Nada más. Lógicamente, la sentencia fue la que más temía: sería fusilado para evitar que pudiera continuar emponzoñando a la juventud con mis ideas. Eso dijeron. Salí de la sala con una congoja tal que me fallaban las piernas y me oriné encima. Tuvieron que ayudarme a llegar hasta la celda. Desde entonces no duermo bien y cada noche me quedo con la angustia de saber si va a ser la última.

Manuel también le explicó que de vez en cuando, desde que estaba detenido y siempre que los funcionarios lo permitían, se carteaba con su mujer, quien había ido a verlo con sus hijas un par de veces. Las echaba mucho de menos. Todavía no se había atrevido a escribirle que estaba condenado a muerte, pero debía comunicárselo.

Esa misma noche, ya con el retrato que le regalara Óscar, se decidió a hacerlo. La congoja le oprimía el pecho y, cuando escribió «Queridísima Ana», tuvo que romper la cuartilla porque no pudo reprimir las lágrimas, que cayeron sobre el papel humedeciéndolo. Incapaz de seguir, se acurrucó en un rincón para llorar amargamente, retorcido por la pena. Sin embargo, su llanto no llamó la atención de nadie porque los presidiarios estaban acostumbrados a escuchar todas las noches lamentos procedentes de las celdas. Pasaron largos minutos antes tranquilizarse y coger el lápiz de nuevo. Tachó palabras, rompió varios papeles, y al final le bastaron unas líneas:

Queridísima Ana:

Me ha costado escribirte esta carta, mi última carta, no sabía cómo decírtelo. Dentro de unos días me fusilarán. La vida no es a veces lo justa que nosotros quisiéramos, y a mí me la van a arrebatar. Mi delito es haber sido coherente con todo aquello en lo que creo. No deseo que vengas a visitarme; quiero que me recuerdes tal como he sido en nuestros mejores momentos, y yo pueda veros sonriendo en mi imaginación, no llorando junto a mí, lo que me produciría una pena terrible.

No estaré más a tu lado, no podré sentirte ni disfrutar de tus caricias, del éxtasis amoroso que vivíamos con tanta pasión. No podré envejecer contigo como tantas veces hemos deseado. Tampoco sabré de la felicidad que nos podría haber traído la madurez.

Siento mucha tristeza cada vez que pienso en Belén y Carla. Ya no me abrazarán ni se sentarán en mi regazo con esa alegría que las desborda. No conoceré la emoción como padre cuando se hagan mayores y formen sus propias familias. Todavía son pequeñas. Lo que más deseo es que no me olviden. Tú sabrás, Ana, mantener vivo mi recuerdo en ellas y que siempre sepan cómo las quise.

Te envío un retrato que me ha hecho un compañero para que siempre me tengáis presente, para que tú también recuerdes a quien te amó de verdad desde lo más profundo de su ser.

Tened fe en el futuro. Inculca a las niñas todo aquello en lo que creemos. Esta locura no durará mucho, seguro que se implicarán algunas naciones extranjeras para acabar con el fascismo y podréis vivir de nuevo en un país libre.

Me voy con la alegría de haberte encontrado en mi camino y de quererte con locura, eso no me lo puede arrebatar nadie.

Sed felices, la vida para vosotras no ha de acabar con mi partida. Abríos al futuro.

Adiós, Ana. Adiós, amor mío. Da a las niñas un abrazo muy fuerte. Ten por seguro que mi último pensamiento será para vosotras.

Siempre tuyo,
Manuel.

La releyó varias veces, respiró profundamente e introdujo en un sobre la carta junto con el dibujo. Cerró el sobre sin pegarlo, escribió la dirección y esperó hasta el día siguiente para colocarlo en la bandeja de salida de la correspondencia. Después fue a buscar a Óscar, con quien ya había comenzado a entablar una buena relación de amistad. Salieron al patio y se sentaron con otros reclusos que comentaban las noticias recibidas del exterior sobre los aconteceres de la Guerra Mundial.

—Ya está hecho, Óscar. Me ha costado muchísimo, pero he escrito a mi mujer. El retrato va con la carta.

Óscar lo abrazó sin mediar palabra y ambos lloraron.

Manuel vivía constantemente a la espera del momento fatídico. Recordaba la ternura de Ana, su sonrisa, su piel delicada. Se le partía el corazón cuando resonaba en su mente la voz de las niñas jugando con él. La incomodidad de la celda y el potente olor a sucio y a humedad le resultaban cada vez más insoportables. No podía comprender cómo era posible que fueran a arrebatarle la vida sólo por ser fiel a sus ideas y haberlas expresado con total libertad, enseñando los principios básicos de la tolerancia.

Óscar ocupaba una celda cercana al «tubo», que así llamaban al espacio alargado en el que colocaban en pequeños habitáculos individuales a los condenados a muerte. Desde donde se encontraba podía escuchar perfectamente los sonidos que de allí procedían, incluso entendía con claridad las palabras del funcionario cuando, periódicamente, leía la fatídica lista. Manuel sabía que más tarde o más temprano escucharía su nombre.

Presos y funcionarios en el Reformatorio
de Adultos de Alicante
Foto: Archivo de la Democracia. Universidad de Alicante

3

El 30 de marzo de 1941 amaneció como cualquier otro día, nada cambiaba en la cárcel jornada tras jornada. Leer las cartas de los presos para censurarlas antes del envío a sus familias no era una tarea demasiado agradable. Había entre los funcionarios una especie de pudor, una renuncia a adentrarse en tanto dolor y miseria, y solían endilgarle la repudiada faena al último en llegar; en esta ocasión a Juan Maestre, un administrativo recién trasladado desde la cárcel de Valencia a quien, cuando se lo comunicaron, no le gustó cuál iba a ser su misión en el nuevo destino, pero no le quedaba otro remedio.

Juan se sentó en el pupitre donde estaba el mazo de cartas, sacó una foto de su hija, la besó y la dejó encima de la mesa. «Para no olvidar que ellos también tienen hijos», pensó. Luego, cogió el tintero y la pluma y se dispuso a abrir la primera carta, en la que, como en todas, debía tachar los párrafos que censurara.

Paquito era su compañero, un funcionario de pocas luces y malas ideas al que le gustaba malmeter contra todo hijo de vecino. Al ver la devoción de Juan por aquella foto, no pudo menos que estirar el cuello y echar una ojeada. La imagen mostraba a una joven sonriente, con evidentes signos de mongolismo, pero bien maquillada y luciendo un bonito vestido.

—¿Quién es? —preguntó con afán de curiosear.

—Mi hija —respondió Juan.

—¿Es retrasada? —Paquito no tuvo el más mínimo reparo en hacer la pregunta.

—¿Y qué? Es una persona como cualquier otra, ¿o no?

—¡Coño con la tarada! —exclamó Paquito soltando una risotada—. ¡Si está para tirársela!

Juan se puso en pie de un salto y se abalanzó sobre él. Quizá lo hubiera tenido que lamentar de no ser por un par de funcionarios que le contuvieron de molerlo a golpes.

—¡Mi hija es una persona con derechos y dignidad! ¿Entiendes, imbécil? —le gritó Juan al tiempo que lo separaban de Paquito, al que tuvieron que sacar de allí para evitar males mayores.

Ya solo y tranquilo, comenzó con su tarea de censor.

Era el segundo aniversario desde que Alicante, como último reducto de la República, cayera en manos de los fascistas sublevados. Los militares, guardias civiles y funcionarios se habían vestido con sus mejores galas, y los primeros lucían las medallas ganadas en la lucha fratricida contra sus propios compatriotas. Después del desayuno todos acudieron al patio, ya ocupado por los presos, a quienes habían sacado de sus celdas para la ocasión. Les hicieron formar en hileras, y el panzudo militar de mayor graduación subió a un podio mientras recibía el saludo de sus subordinados, brazo en alto. Una vez arriba, le acercaron un megáfono y comenzó a vociferar sobre la importancia de la liberación de la ciudad, que había supuesto el fin de la cruzada.

—¡Hoy es un día grande para España! Hace dos años que acabamos con la escoria roja, los enemigos de la patria, que emponzoñaban nuestros ideales. Dos años desde que por fin nuestro Caudillo Franco se erigiera, por la gracia de Dios, en el líder absoluto del movimiento nacional. Reclusos: recordad que estáis aquí por no haber sido fieles al Generalísimo. Algunos seréis redimidos, otros lo pagaréis muy caro, Dios decidirá.

Tras los discursos triunfalistas de varios caciques, la efemérides acabó con vivas a Franco y a España, una, grande y libre. Luego, toda la guarnición y los presos alzaron el brazo, estos últimos vigilados muy de cerca por los guardias de la prisión, y entonaron el *Cara al Sol*. Cantar el himno fascista era una de las mayores afrentas para los presidiarios, tenían que vocalizarlo alto y claro, so pena de recibir un porrazo de los guardias en las costillas, que posiblemente los llevara a la enfermería.

El miedo comenzó a flotar en el ambiente pues, junto a los militares, se encontraba el padre Vendrell, vicario del presidio, defensor acérrimo del nacional catolicismo, de quien se decía que llevaba un crucifijo del nueve largo bajo la sotana, porque aquel a quien se dirigía con actitud paternalista y le daba a besar la cruz sabía que había llegado su hora. Antes de romper filas, el cura se acercó a varios reclusos poniéndoles la mano en el hombro con palabras de cariño. Uno de ellos era Manuel, que en ese momento supo que su final estaba cerca.

Los dos compañeros pasaron el día junto a otros presos con los que habían creado una estrecha relación. Tras la cena, Manuel, que había estado toda la jornada con el alma en vilo, se dirigió a Óscar:

—Tengo miedo. Sé que no duraré mucho.

Sus palabras fueron interrumpidas por la voz de los funcionarios llamando a la reclusión en las celdas. Aquello era una despedida. Manuel lo sabía.

Una vez echados los cerrojos, Óscar vio a través de los barrotes a tres militares junto al Padre Vendrell. Iban hacia el tubo. El silencio de los presos se interrumpía con algunos gemidos. Óscar pegó su oído a la puerta cuando comenzó a escuchar la lista de los condenados.

—¡Manuel Llopis García! —Óscar se estremeció. Todo había terminado para su amigo.

Algunos prisioneros dieron vivas a la República y, una vez leídos los nombres, el odiado padre Vendrell sacó su crucifijo del nueve largo y con él en la mano, bien visible para los reclusos, disparó sus mortíferas palabras:

—Vosotros sí que sois bienaventurados puesto que conocéis el momento exacto en el que ha de veniros la muerte, y así podéis poneros en paz con Dios, que es lo único que debe importaros.

Esa noche fue larguísima. Ninguno de los que iban a ser fusilados pegó ojo: unos por el miedo que les producía la ejecución, otros repasando su vida, arrepintiéndose de lo que habían hecho mal y pidiendo perdón a quienes pudieran haber dañado u ofendido; algunos, orgullosos de morir por ser fieles a sus ideales, y Manuel, con la imagen de Ana y la sonrisa de las niñas en su mente.

4

El reloj que marca las horas en el asilo de Benalúa da las seis de la mañana. Óscar y los presos cuyas celdas están cercanas al patio escuchan el sonido de dos camiones que acaban de entrar; uno transportaría a los condenados, el otro, al pelotón de fusilamiento, que ya está dispuesto para la partida. Las voces de los guardias se unen al chirrido y al golpe seco al abrirse la trampilla trasera de los camiones. En el tubo se suceden los fuertes abrazos de despedida y las lágrimas en los ojos de muchos presos. Los pasos suenan cada vez más cerca. Un funcionario abre la puerta y entra acompañado de un guardia. Comienza a pronunciar nombres. Se van colocando en fila. A Manuel lo nombran el último. Óscar contaría hasta quince.

El funcionario y el guardia van delante hacia la puerta que da al patio. Todavía no ha amanecido. Conforme van cruzando el umbral, la vista de los camiones y el pelotón les estremece. El frío de la madrugada cala sus huesos. Salen despacio, en hilera; a varios deben arrastrarlos porque han quedado paralizados, a otros se les ve claramente la gran mancha de orín en sus pantalones; algunos lloran, los más fuertes caminan altivos y, antes de subir al camión, gritan: «¡Viva la República!».

Dominado por el miedo, a punto de cruzar desde el túnel al patio, Manuel nota de súbito cómo alguien le agarra fuertemente del brazo, lo saca de la fila de un brusco tirón y lo arrastra con rapidez detrás de un muro contiguo para luego salir presuroso a la puerta del patio y gritar:

—¡Están todos, podéis iros!

Es el encargado del recuento; nadie nota que falta uno. Después va hasta donde está oculto Manuel, que no se explica lo ocurrido, y lo lleva fuera de la zona de presos a través de la oscuridad del pasillo, a una de las estancias de los funcionarios. Cierra la puerta por dentro.

Ya en el interior y sabedor de que nadie los ha visto, enciende una lamparilla. Es entonces cuándo el atónito Manuel descubre en la penumbra a Juan Maestre Galvañ, a quien conocía bien.

Se quedó mirándolo fijamente sin saber qué decir. Tardó algunos segundos en poder articular palabra.

—¡Juan! ¿Qué haces aquí? ¿Por qué me has salvado? —preguntó sin salir de su asombro.

—¿Es que no recuerdas, Manuel, cuando tuviste a mi hija de alumna? Tú la defendías de las burlas de los demás niños, hiciste que se sintiera como una igual, siempre te desviviste por ella.

—Era mi obligación como maestro.

—Pero antes que tú, nadie lo había hecho. Además, convenciste a todo el pueblo de que mi hija, a pesar de su tara, era una persona digna, como cualquier otra. La trataste con cariño, la integraste en la escuela e hiciste que fuera respetada. Manuel, salvarte de la muerte es agradecerte todo lo que hiciste por ella. Mereces vivir para seguir haciendo el bien.

—¿Cómo has dado conmigo? ¿Por qué sabías que me iban a fusilar?

—En mi tarea de censor, al abrir una de las cartas, encontré junto a las cuartillas escritas a lápiz un retrato en el que te reconocí enseguida. Me dije que un hombre así no merecía morir. Y cuando supe que al día siguiente te llevarían al paredón, me propuse salvarte a toda costa. Un poco de habilidad colocándote el último en la lista, ha bastado.

Juan había puesto los sentimientos de gratitud y el amor a su hija por encima de sus obligaciones de funcionario y de sus ideas políticas. Sabía lo que se estaba jugando por hacerlo. El hecho de que la persona adecuada hubiera estado allí en el momento justo había salvado la vida a Manuel. El shock del momento lo había dejado sin habla. Sólo pudo balbucear «gracias».

—No digas nada, Manuel. Hoy te quedarás aquí escondido en mi habitación. Esta noche saldrás libre. Yo te conduciré a un lugar donde no puedas correr peligro.

Juan le facilitó ropa y de madrugada lo guió a una pequeña puerta que daba a una zona sin iluminar que lindaba con el asilo contiguo, regentado por las Hermanitas de los Pobres.

—Buena suerte, Manuel.

Tras estrecharse ambos en un fuerte abrazo, Manuel se perdió en la oscuridad de la noche. El reloj del asilo marcaba las cuatro.

La amnistía del 17 de diciembre de 1943 para reclusos con penas menores de 20 años, dejaría en libertad a Óscar, quien volvió al domicilio familiar, donde convivió con sus padres hasta que murieron. Le dieron trabajo en el antiguo almacén de su familia, ya convertido en cooperativa, y allí siguió hasta su cierre en 1975. Nunca dejó la pintura. Dibujaba los carteles anunciadores para los cines de Alicante, además de los retratos de los fines de semana en la Explanada. Lo ocurrido con Manuel en la cárcel le había marcado la vida. Pensaba que quienes querían que les dibujara su retrato lo hacían porque lo necesitaban para algo muy importante, como había acontecido en aquel marzo de 1941. Y por eso, tras el inesperado encuentro con Manuel, a partir de julio de 1977, bajó a diario a pintar. Estaba convencido de que sus retratos salvaban vidas. Se obsesionó con ello.

Cuando Manuel fue a Alicante y se reencontró con su amigo, ya estaba enfermo. Dos años después, Óscar recibiría una carta de Ana. Le decía que Manuel no pudo superar el cáncer y había muerto. Junto al papel estaba el retrato que le hiciera treinta y ocho años atrás, Al dorso, sólo un párrafo: «Gracias a este dibujo, pudimos recuperar a Manuel. Ahora es tuyo para que siempre lo recuerdes, así lo quería él. Nunca te estaré lo suficientemente agradecida. Ana».

Paseo de los presos
Reformatorio de Adultos de Alicante
Fuente: Enrique Cerdán Tato. Publicación: Alicante Vivo

Es entonces cuando esa amalgama sensual se
funde con los colores de mi paleta y llego a un
expresionismo abstracto capaz de plasmar
una obra rabiosamente personal
Foto Gari Olsen – Pixabay

¿LOS ÁNGELES TIENEN SEXO?

Cualquier vida, no importa lo compleja que sea, está hecha de un solo momento. El momento en que un hombre descubre, de una vez y para siempre, quién es.
(Jorge Luis Borges)

No me lo había vuelto a preguntar desde los catorce años, cuando me embelesaba al contemplar una anunciación a María que mi profesor de dibujo, un joven con los estudios de Bellas Artes recién finalizados, ahora artista de renombre, pintara en la improvisada capilla de mi colegio en Alicante, un centro de estudios laico creado por profesores represaliados, a quienes durante la dictadura no se les permitió ejercer en los centros de enseñanza pública.

El arcángel Gabriel, a la derecha de la escena, era una figura atlética, de facciones tremendamente varoniles, nada que ver con lo que el cura de religión nos inculcaba: «Los ángeles son criaturas de Dios y no tienen sexo». Aquel ángel me atraía, no solo por la perfección de la pintura, sino por su sensual virilidad. El conjunto de trazos vigorosos, el color sobrio y adecuado para expresar su fuerza, despertó en mí el ansia de transmitir sentimientos a los demás a través del arte, de la misma manera que a mí me los había transferido esa obra.

Y, pese a la negativa paterna, años después acabé costeándome los estudios en la escuela de Bellas Artes de Valencia, gracias al dinero que obtenía impartiendo clases de dibujo a varios grupos de chavales y trabajando por horas de camarero nocturno en el club de *jazz* Los Tres Tristes Tigres, un tugurio con sillas de anea, donde la espesa humareda del tabaco dificultaba entrever el escenario al fondo de la sala.

Al finalizar la carrera, comencé a dar tumbos aquí y allá. Me convertí en un bohemio. París, Barcelona, Londres… Dejé atrás el academicismo, ya va para dos décadas, y me propuse encontrar un estilo propio. Mis profundas crisis de personalidad no me lo pusieron fácil.

La abstracción era mi objetivo, deseaba deconstruir los objetos a través de la libertad de formas y colores. Estudiaba a Kandinsky, a Richter, a Zóbel, a Delaunay y a muchos otros. Pintaba sin parar, y caí en la droga, el alcohol y el sexo compulsivo; necesitaba estímulos para que mis pinceles transmitieran todo el cúmulo de emociones que se agolpaban en mi interior y necesitaban erupcionar a toda costa.

Mi pintura surgía desde una cierta inconsciencia provocada al mezclar el alcohol con el inmenso placer que experimentaba a través de los cuerpos perfectos de mujeres hermosas. Siempre me ha obsesionado la belleza y más cuando hay sexo de por medio. Esa amalgama sensual y etílica se funde con los colores de mi paleta, y llego a un expresionismo abstracto capaz de plasmar una obra rabiosamente personal que no deja indiferente a nadie.

El trabajo dio sus frutos. Expuse en París y conseguí una beca, lo que me facilitó que pudiera posicionarme en el mundo del arte y lograra lo que más deseaba: vivir de la pintura. Mi desahogada situación económica permitió que me trasladara a Alicante, la ciudad donde nací, y montar mi estudio en un amplio bajo con patio interior, dotado de luz suficiente para pintar.

A punto de cumplir cuarenta años, gracias a marchantes y galeristas, no he parado de recibir encargos de exposiciones y de firmar buenos acuerdos, todo ello complementado con la explotación exclusiva de las reproducciones litográficas de mis obras.

He narrado todo esto como premisa para que comprendas mejor lo que me sucedió hace ya un par de años.

Una tarde de verano, recibí la encomienda más insólita de mi vida. Ya pasadas las ocho, cuando comenzaba a remitir el calor y casi me disponía a salir en busca de una noche de placer, un desconocido llamó a mi puerta. Cincuentón, de estatura media, aspecto místico y sencillo en el vestir, se presentó como Mario, seglar vinculado a la parroquia cercana, la cual, todo hay que decirlo, solo había pisado una vez en mi vida y no precisamente por motivos religiosos, de los que carezco totalmente.

Tras invitarlo a sentarse, ofrecerle una copa, que rechazó, e indicarle que me tuteara, Mario me dio una fotografía que había sacado del bolsillo.

—Acabamos de restaurar la iglesia. Esta es la pared contigua al altar mayor.

Aprecié un muro de grandes dimensiones pintado de blanco sobre el que se reflejaba la luz de unas vidrieras laterales.

—Me ha encargado el consejo parroquial —continuó— ser el coordinador de un proyecto que nos gustaría que asumieras.

—¿De qué se trata? —pregunté extrañado.

—Queremos encargarte una pintura al fresco para esta pared. Deseamos que pintes al arcángel Gabriel junto a una corte celestial de ángeles y querubines en un mural que sea orgullo de nuestra parroquia y despierte la devoción adecuada.

—¿Una obra realista y además religiosa? ¿Es que no conoces mi estilo?

—De sobra. Por eso hemos recurrido a ti.

—¡Ángeles y querubines! —Me puse en pie más asombrado todavía—. ¿Por qué yo? ¡No hago ese tipo de pintura desde hace mucho tiempo!

—Si eres capaz de transmitir emociones en tus lienzos a través de los colores, ¿dejarás de poder hacerlo añadiéndole formas concretas?

Me senté de golpe en el sillón. Mario estaba impasible ante mi actitud. Afloraron lejanos recuerdos. ¡El arcángel Gabriel! ¡Aquel que me había despertado el amor por el arte cuando todavía era un niño! Se removieron en mi interior vivencias y emociones. ¡A esas alturas de mi carrera me pedían que retrocediera en el tiempo, que volviera al academicismo de la escuela! Pero, por otra parte, con todo lo aprendido y con mi experiencia, podía ser apasionante aceptar el reto de intentar transmitir el sentimiento que había quedado marcado en mi adolescencia cada vez que contemplaba la figura plasmada en la capilla del colegio. Era un gran desafío. ¡Pintar al fresco, como los grandes maestros renacentistas, pero en el siglo XXI!

—Sí, acepto —me lancé convencido.

—Pero he de decirte de antemano que no podemos pagarte, ha de ser una colaboración altruista.

—¿Gratis? ¡Ja,ja,ja! ¡No querrás que además pague los materiales! ¿Verdad?

—Sería una buena acción.

—Pues mira, ¡lo voy a hacer! Me ha entusiasmado la idea. ¿Cuando empiezo?

—Si puedes, enseguida.

—¡Hecho! —Le di un apretón de manos

—¡Muchas gracias! Ni te imaginas la alegría que voy a dar al consejo parroquial.

Mario se despidió satisfecho dándome todo tipo de facilidades, incluso me entregó la llave del templo para que pudiera moverme con total libertad. Nada más hubo abandonado la casa, telefoneé a mi marchante:

—Marta: quiero que anules todos mis compromisos hasta nuevo aviso.

—¿Estás loco? ¡Tienes exposición en Berlín dentro de dos meses!

—Posponla.

—¿Se puede saber qué te traes entre manos?

—No puedo decírtelo, pero a su debido tiempo lo sabrás, y te aseguro que vas a sorprenderte.

—¡Tú mismo! Espero que no sea una de tus locuras.

Seguramente lo sería, pero el proyecto había conseguido entusiasmarme.

Hice acopio de todo lo necesario y dos días después de la visita de Mario, comencé a trabajar en los primeros bocetos. Trazos y más trazos con una pregunta que no paraba de rondarme en la cabeza: «¿los ángeles tienen sexo?». No sabía responder y eso me frustraba sobremanera, porque de ello dependía mi obra. Tracé cientos de dibujos de figuras perfectas, no en vano poseía una sólida formación académica, pero carecían de alma, no transmitían nada en absoluto. A veces estampaba rasgos demasiado varoniles; otras, mujeres hermosas. Sin embargo, no lograba ese término medio entre belleza y misticismo. Sus expresiones estaban vacías; sus cuerpos, perfectos pero terrenales.

Rompí todos los dibujos y quemé los trozos, vacié la botella de ginebra y salí desesperado, como siempre hacía en estos casos, en busca de sexo. Tras un breve flirteo, hice el amor con la mujer más sensual con la que me había acostado en mucho tiempo, pero no conseguí el éxtasis ansiado; fue un desastre, estaba bloqueado.

Debía hacer algo, quizá reencontrarme con los clásicos: ellos me darían la respuesta. Marché a Madrid para deleitarme en el Prado con el ángel de *La Anunciación* de Fray Angélico. De allí volé hasta Florencia; en la galería de los Uffizi busqué en Rafael, Tiziano y Caravaggio. «¿Tienen sexo los ángeles?». Aún no lo sabía, pero el varonil arcángel Gabriel de mi colegio no se asemejaba a la belleza casi femenina de los jóvenes efebos alados que plasmaran los pintores del renacimiento.

Con toda esa obra en mi cabeza y con un bloc lleno de apuntes volví sintiéndome capacitado para iniciar la composición de la escena. Como los clásicos, debía pintar seres hermosos, asexuados, hombres con aspecto de mujer, justo en el punto de unión de la masculinidad y la femineidad, que despertaran el sentimiento místico que yo no poseía y que Mario deseaba.

Mi temperamento apasionado necesitaba un remanso de paz para poder lograrlo. No me valía explayarme con un buen polvo o con beber media botella de ron, era cuestión de profundizar en mi ser. Busqué modelos cuyo aspecto respondiera a esos cánones y dibujé sin descanso haciendo retratos rápidos en cafés, en la calle, allá donde me topara con cualquier expresión que considerara adecuada a mis propósitos.

Por fin, con todo ese material, hice una composición a lápiz de la escena completa. El arcángel Gabriel, en el punto áureo del espacio a cubrir, miraba hacia lo alto, como buscando la complacencia de la divinidad, mientras un coro de ángeles parecían medio dormitar meciéndose en un lecho de nubes junto a él. «¡Menuda mariconada!», pensé. Fui al despacho parroquial y le enseñé el boceto a Mario.

—¡Me encanta! —reconoció— ¡Enhorabuena! Va a ser una gran obra.

Quedé satisfecho con su aprobación y planificamos el calendario para realizar la pintura dentro de la iglesia. Al día siguiente se montaron los andamios y comencé a preparar la base de la pared. Solicité acudir de noche para lograr en la soledad del templo una mayor concentración y no ser el centro de incómodas miradas.

El proyecto se había apoderado de mí, ya era obsesivo. Sentía ansiedad esperando, hasta que llegaba la noche, esperando el momento de encerrarme con esos seres irreales pero hermosos que había creado. El olor a pintura y aguarrás me empujaban a llenar de color todas aquellas siluetas trazadas al carbón sobre la blancura del muro. El conjunto empezaba a tomar forma.

Cuando a los pocos días comencé a recrearme en los rasgos de la figura principal, me impuse un forzado halo de misticismo: no debía parecerse a aquel arcángel del colegio, sino poseer una hermosura casi afeminada.

Bajé del andamio y me alejé para contemplar mi obra. Caminé de espaldas a la pintura y, una vez alcanzada la distancia suficiente, me volví para admirarla en su plenitud.

¿Y qué tenía frente a mí? Una expresión perfecta, pero sin vida, que no trasmitía absolutamente nada. Un rostro pasivo, una mirada neutra.

—¡No! ¡No es eso lo que busco! —grité, y mi decepción resonó en la absoluta quietud del templo.

Poseído por la rabia, mezclada con cansancio y alcohol, trepé al andamio como un mono. Embadurné de negro la brocha más gruesa, y crucé las figuras con enormes manchurrones hasta hacerlas casi desaparecer bajo el pigmento.

—¡Estoy haciendo el imbécil pintando esta mierda! —me repetía cada vez que manchaba mi obra.

Cuando acabé, tiré las brochas al suelo con rabia, salí como loco a la calle y cerré de un portazo; ni siquiera eché la llave. Corría sin dejar de repetirme:

—¡No he sido capaz! ¡No he podido!

Me encerré en casa, apuré hasta la última gota de la botella de Cutty Sark que tenía a medias sobre la mesa y acabé tirado en el sofá.

Al día siguiente, me despertaron unas insistentes llamadas telefónicas. Sabía que era Mario, pero no era capaz de hablar con él. Vino al estudio y pulsó el timbre: no obtuvo respuesta. Deslizó una nota por debajo de la puerta: «Creo que tienes una crisis interior que debes solucionar. Necesitas saber quién eres. Tenemos que hablar esta noche sin falta». Y me citaba en un local de la zona del Ensanche, cerca de la estación de autobuses.

Quizá tuviera razón y mi problema fuera existencial.

No podía seguir escondiéndome. Mi obligación era dar la cara, solucionar de alguna manera lo ocurrido.

A la hora convenida lo encontré esperándome junto a la puerta de un establecimiento de ocio nocturno sin cartel identificador. Me recibió con una sonrisa y entramos. El interior estaba oscuro; nos sentamos en la barra y pedimos un par de güisquis. Le indiqué al barman que dejara la botella.

—Lo siento, Mario. Abandono. Perdóname. Creo que te has equivocado. No soy la persona adecuada para este trabajo —claudiqué.

Él escuchó con paciencia, sin apenas inmutarse, y me sorprendió al confesar que conocía los alicientes que yo utilizaba para transmitir sentimientos en mis cuadros. Precisamente por eso me había elegido, porque mi temperamento haría transcender la pintura de la parroquia mucho más allá del conjunto de unas figuras inertes sobre el muro.

—Estoy seguro de que necesitas despertar los acicates latentes en ti para conectar con la intimidad de tus personajes y darles vida. Precisas estímulos que no has descubierto.

—No puedo hacerlo, Mario. Estoy bloqueado y no sé por qué.

—Quizá puedas encontrarte a ti mismo con una manera diferente de amar, que sea capaz de aportarte sensaciones nuevas y que yo te adivino dormidas. Soy homosexual —continuó Mario, mirándome fijamente a los ojos.

—Lo intuía —me sinceré.

—Pero, perdona si te ofendo, tú también lo eres.

—¿Yo, Mario? ¿Pero qué dices? —Llené de nuevo el

vaso y lo vacié de un trago para asimilar lo que acababa de oír.

—Vengo observándote desde hace tiempo, cuando vas camino de tu casa o tomas café en el bar de enfrente, y, amigo mío, estoy seguro de que, para salir de tu crisis, necesitas cruzar al otro lado de la frontera, adonde nunca te has atrevido a pasar. Y en mis intuiciones no suelo equivocarme.

Sorprendido por sus palabras empecé a vislumbrar a través de la penumbra lo que ocurría en las mesas de alrededor: parejas de hombres se abrazaban y besaban apasionadamente. Confieso que me excité. Cuando mis ojos, medio nublados por el alcohol, se acomodaron a la escasa luz, contemplé a aquellos jóvenes hermosos que irradiaban amor. ¡Estaban allí! ¡Esos eran mis ángeles! Sentí un nudo en el estómago. Descubrí una amalgama de belleza y pasión nunca experimentadas, y un deseo aletargado se despertó en mí.

Mario no paraba de observarme. A su señal, se acercó a nosotros un joven que me pareció bellísimo. Se colocó junto a mí atravesándome con la mirada de sus ojos claros.

—Soy David —me dijo antes de atreverse a besarme los labios con suavidad.

—Yo Alberto. —Lo dejé hacer y después no fui capaz de pronunciar otra palabra.

Bebimos, volvió a acariciar mi boca con la suya y, tras cogerme de la mano, susurró:

—Me gustas, Alberto.

Mario presenciaba la escena sin mediar palabra y, sabiéndome junto a David, salió del local tras dedicarme una expresión de complacencia.

Confieso que no reprimí mis impulsos y, sin inhibiciones, me dejé llevar. Intercambiamos besos, nos abrazamos y bebimos hasta que el alcohol llegó a supurar a través de los poros de nuestra piel.

—Llévame a tu casa —pidió con una sensualidad que me excitó sobremanera.

Pagué las consumiciones, tiré de su mano y salimos del bar. Con paso largo y sin mediar palabra recorrimos las calles casi solitarias que nos separaban de mi estudio. No atinaba a coger la llave cuando, al pararnos ante el umbral, David no dejaba de palparme la entrepierna con ansia. Entramos, y tras cerrar la puerta, me arrastró hasta la pared y se abalanzó para quitarme la ropa.

—¡No, espera! —le grité mientras lo separaba de mí, empujándolo bruscamente hasta colocarlo bajo la potente luz cenital que emitió uno de los focos colgados del techo al encenderlo.—¡Mírame y no te muevas!

David no entendía nada pero quedó estático. Con rapidez, cogí un bloc de dibujo y varios lápices de diferentes grosores. Comencé a trazar. El grafito se arrastraba sin pausa por el papel. Estaba poseído por ese éxtasis que siempre me acompañaba en la creación de mis obras. Bastaron veinte minutos de bosquejo para que tuviera entre mis manos una figura en blanco y negro con la mirada cargada del misticismo que estaba buscando. Le mostré el dibujo.

—¿Te gusta? ¡Eres mi ángel!

Tiré el bloc sobre la mesa y abracé a David. ¡Era mi personaje, mi arcángel Gabriel! Henchido de deseo, necesitaba cruzar esa frontera de la que me había hablado

Mario. Hicimos el amor allí mismo, entre mis lienzos y caballetes impregnados de olor a óleo y aguarrás.

Por fin había encontrado la respuesta: a pesar de lo que aseguraba el cura de mi colegio, los ángeles sí tienen sexo. Y ese descubrimiento cambió mi vida.

Hoy en día, en una de las paredes de la parroquia, puede contemplarse una obra sublime bajo la que los fieles rezan y encienden velas. Fui capaz, gracias a un amor aletargado, de hacer despertar en los demás el misticismo del que yo carecía.

Ahora vivo con David y mi pintura ha alcanzado cotas que jamás pude imaginar.

Intercambiamos besos, nos abrazamos y
bebimos hasta que el alcohol llegó a supurar a
través de los poros de nuestra piel
Foto: John Collins. Pixabay

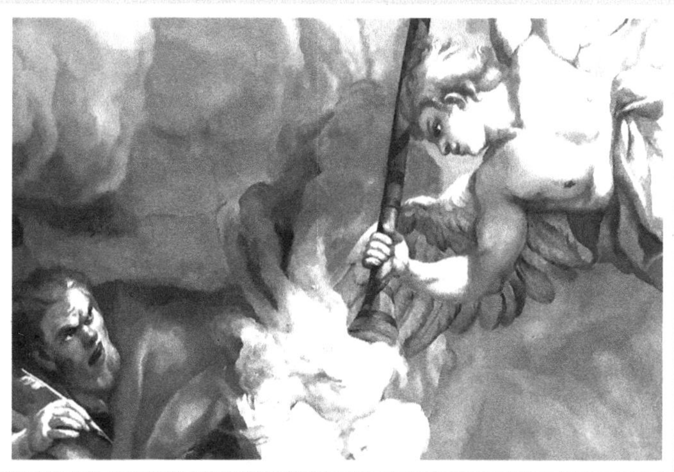

Un ángel prendía fuego a una partitura ante la
presencia espantada del compositor, todavía
con la pluma de escribir en la mano

Pintura de la iglesia de San Carlos Borromeo, Viena
Foto: Luis Amat Vidal

3-4-5-6

¿Una conspiración de los Masones?
¿Era Mozart quien componía su música,
o fueron varios músicos quienes la crearon?
(Jaime Altozano)

1

Damián subió la escalera metálica de los andamios instalados hasta la cúpula de la iglesia de San Carlos Borromeo de Viena para la restauración de sus pinturas. Desde que cuatro años antes acabara los estudios superiores de musicología en el Conservatorio Óscar Esplá de Alicante, deseaba visitar la que muchos consideran capital de la música. Ansiaba conocer los lugares que habían frecuentado los grandes maestros, perderse por los muchos museos de la ciudad para ampliar sus conocimientos sobre música medieval y renacentista.

Delgado, de mediana estatura y carácter inquieto, a sus casi veintiocho años centraba sus investigaciones musicológicas en la evolución y significado oculto de las partituras que habían dormido durante siglos en los desvanes de conventos y palacios, de las músicas secuestradas y prohibidas por la Iglesia por contener un acorde disonante que en el Medievo se consideraba demoníaco.

Viajaba solo, tenía total libertad para moverse a su antojo. Deseaba desvelar si había conexión entre esa música y las prácticas satánicas de la época, quería averiguar por qué los compositores habían sufrido tortura, incluso condenas a la hoguera, solo por haber plasmado en sus partituras una determinada combinación de sonidos.

Contemplaba las pinturas bajo la bóveda, tan de cerca que podía tocarlas con la mano.

—¡El tritono! —exclamó asombrado ante la imagen que tenía ante sus ojos.

En la zona inferior derecha del fresco, un ángel prendía fuego a una *particella* ante el espanto del compositor, todavía con la pluma de escribir en la mano. Entonó en voz baja las notas reflejadas en el pergamino. ¡No tenía la menor duda, estaba ante el acorde que en la Edad Media se denominara tritono del diablo! ¡Menudo hallazgo! La pintura simbolizaba la condena de esa música al fuego. ¿Por qué precisamente en la iglesia de San Carlos? Fotografió la escena ávido de investigar su significado.

La grandiosa portada, flanqueada por dos columnas inspiradas en las de Trajano en Roma, le había inducido a traspasar el umbral del templo dedicado a San Carlos Borromeo, quizá el más bello de Viena, una magnífica expresión del eclecticismo barroco, cuyas tareas de restauración le habían permitido contemplar de cerca esos intervalos que a ras de suelo, por su pequeño tamaño, hubiera sido imposible apreciar.

El tritono del diablo le interesaba sobremanera desde que comenzara sus estudios de superior. Se preguntaba por qué, hasta bien avanzado el Renacimiento, a causa de la tensión que, según decían, generaba en quienes lo escuchaban, la Iglesia aseveraba que su sonido era obra del demonio. Por ello, todas las partituras de la época se armonizaron con ausencia de ese tritono, so pena de acabar el autor en manos de la Santa Inquisición.

Damián necesitaba encontrar respuestas sobre la pintura de la cúpula, pero necesitaba moverse por Viena con rapidez, pues en pocos días debía regresar para comenzar el nuevo curso de música con sus alumnos de secundaria.

—¡Hola, Rudy! —saludó por teléfono desde la habitación del hotel.

Rudy Müller, compañero de conservatorio en los últimos cursos, se había especializado en la investigación del clasicismo. Y, aunque desde entonces no se habían vuelto a ver, sus números de teléfono continuaban guardados en las agendas de ambos.

—¡Damián! ¡Qué sorpresa! —chapurreó en un castellano con marcado acento alemán.

—Estoy en Viena.

—¡No me digas!

—Necesito verte.

—¿Te ocurre algo?

— Quiero buscar cierta información y sería estupendo que tú pudieras acompañarme a los lugares adecuados.

Rudy, físicamente el vivo ejemplo de lo que Hitler denominara raza aria, vivía en una casa a las afueras. Damián lo citó en el hall del hotel donde se hospedaba.

Tres horas después de haberle telefoneado, los dos músicos se encontraban.

—¿Cómo estás? —Damián se adelantó a abrazarlo.

—¡Qué alegría volver a encontrarte! ¡Tú, en Viena! ¡No me lo hubiera imaginado!

Tras caminar un rato, se sentaban alrededor de una mesa en el Café Xcelsior, frente al Teatro de la Ópera, ante unas pintas de cerveza negra. Charlaron, revivieron recuerdos y compartieron sus actividades actuales. Damián le habló de sus investigaciones y de sus clases de secundaria, y sintió envidia de Rudy cuando aquel comentó que desde su vuelta a Austria se había dedicado a escribir piezas por encargo.

—¡Qué maravilla! Te felicito. ¿Y qué tipo de música compones? —preguntó Damián.

—Normalmente piezas de cámara. Dicen que mi estilo contiene compases bastante mozartianos. ¡Por lo visto no me puedo escapar de la influencia del gran maestro! —aclaró Rudy.

—Siempre te has sentido muy atraído por él, por eso estudiaste el clasicismo.

—Y bien, ¿qué quieres de mí?

Damián le mostró en su móvil la *particella* que había fotografiado en la bóveda de San Carlos.

—Necesito conocer el significado de esas pinturas del techo de la iglesia, ir a los lugares donde quizá pueda hacer averiguaciones, y tal vez tú me podrías ayudar a moverme por Viena.

Rudy hizo un gesto de asombro, pues por primera vez alguien con conocimientos musicales le preguntaba por esas notas en llamas que él, por supuesto, conocía.

—¿Qué quieres saber?

—Si hay algún mensaje oculto en esa música y por qué estuvo tan perseguida.

—No creo que la escena pase de lo anecdótico ni de lo meramente artístico, pero descuida, intentaré ayudarte en todo lo que pueda.

Charlaron animadamente, de música, desde luego, y pasó el tiempo sin apenas darse cuenta. Ya anochecido, salieron a pasear y después cenaron en la vieja posada Griechenbeisl, la más antigua de la ciudad, de 1447, a la que acudían Beethoven, Schubert, Strauss y Mozart, entre otros, según consta en el local. Allí estuvieron en su ambiente, sentados quizá a la misma mesa que ocupara alguno de los grandes maestros. Tomaron el típico *Wiener Schnitzel*, chuleta de ternera empanada con ensalada de patata. Acabaron tarde, y Rudy acompañó al hotel a su antiguo compañero, quedando emplazados para el día siguiente.

Damián casi no pegó ojo en toda la noche. ¿Sería posible que esa pintura fuera la clave para encontrar una explicación de por qué la Inquisición había prohibido el tritono del diablo? ¿Qué significado tenía que la *particella* estuviera ardiendo?

Tumbado boca arriba y con los ojos abiertos como platos comenzó a deducir: «un tritono, el 3, está formado por lo que en lenguaje musical se denomina una cuarta aumentada, el 4, o por una quinta disminuida, el 5, y al unir las cifras de cada uno de esos conceptos se forma el 3-4-5. Y si el sonido de ese intervalo se consideraba demoníaco, estaría relacionado con el 666, los guarismos de la bestia...» ¡Había obtenido un número con cuatro dígitos correlativos, 3-4-5-6!

Sentado en la cama, consultó escritos y documentos que guardaba en el disco duro de su portátil, y averiguó lugares en los que quizá podría lograr la información que deseaba. No le sería difícil con la ayuda de Rudy.

Viena se despierta a diario con el chirrido
de los tranvías al rodar por los raíles
Foto:www.vivireltren.es

2

Viena se despierta a diario con el chirrido de los tranvías al rodar por los raíles. Damián bajó temprano al vestíbulo del Términus, un hotel de dos estrellas, barato pero muy cuidado, cercano al Teatro de la Ópera y al Musikverein. La recepcionista le recordaba a la típica Valkiria de Wagner, rubia y enorme, pero con voz gritona y aliento a *stroh*. Le preguntó, en su tosco alemán, si alguien había ido a buscarle y ella negó con la cabeza. Quince minutos más tarde, Rudy entraba presuroso por la puerta del hotel.

—Perdona mi retraso. El trafico hoy está muy mal.

Salieron a la acera, sobre la que estaba mal aparcado el coche de Rudy.

—¿A dónde quieres que te lleve?

—Me gustaría ir a la Abadía de Heiligenkreuz, quizá allí encuentre manuscritos antiguos para compararlos con la *particella* de la cúpula de San Carlos.

El monasterio se encontraba en la zona sur de los Bosques de Viena. Desde que fuera fundada en 1113, había ido atesorando gran cantidad de reliquias, y acogido, además, un importante centro de creación e investigación musical en la primera mitad del siglo XVII.

Durante los cuarenta y cinco minutos de viaje a través de frondosas arboledas, charlaron compartiendo experiencias. El trabajo de compositor le iba mejor a Rudy que las clases a Damián; él, además, dirigía una agrupación de cámara muy apreciada en Viena. Era lógico, allí las posibilidades de dedicarse a la música son mucho mayores que en España, y no digamos que en Alicante. Así todo, Damián, con el sueldo de profesor y su virtuosismo como oboísta, tenía sus necesidades básicas cubiertas, lo que le permitía dedicarse a lo que más le apasionaba: la investigación de la música antigua.

En un punto de la carretera tuvieron que desviarse hacia un estrecho y polvoriento camino oscurecido por la sombra de los enormes robles que se alzaban a ambos lados. Cuanto más se adentraban, más parecía que estuvieran retrocediendo en el tiempo. Llegaron a una explanada desde la que se accedía a un gran patio interior en cuyo centro se alzaba la columna barroca de la Santísima Trinidad, diseño de Giovanni Giuliani, según había averiguado Damián. La fachada, como en la mayoría de las iglesias cistercienses, mostraba tres simples ventanas como símbolo de la Trinidad.

La puerta del templo estaba entreabierta, por lo que no tuvieron problemas para acceder al gran transepto románico que daba fe de la antigüedad de la construcción. Confundido con la penumbra, adivinaron la figura de un hombre alto, de mediana edad y complexión delgada que les dio la bienvenida. Rudy le devolvió el saludo.

—Buenos días. Mi nombre es Rudy, soy músico, y este es mi colega y amigo Damián, que ha venido de España y necesita hacerle unas preguntas. Habla un alemán muy básico, por lo que yo he accedido a acompañarle y servirle de intérprete cuando sea necesario.

—De acuerdo, veré si puedo serle de utilidad —dijo el sujeto clavando sus ojos en Damián—. Usted dirá.

—Me gustaría visitar la biblioteca, si no le importa —chapurreó Damián—, estoy buscando partituras antiguas que pudieran contener los acordes del tritono del diablo, anteriores a que los prohibiera la Iglesia. ¿Sabe algo de eso?

Aquel posible empleado de la comunidad religiosa, pues no vestía hábito como seguramente debía exigirse en una congregación monástica tan antigua, le entendió y puso cara de sorpresa. Rudy se mantenía callado, solo ejercía de espectador, atento por si debía traducir alguna frase.

—¿Y usted cree que en este monasterio encontrará respuestas? —preguntó.

—Estoy seguro de que debe haber partituras originales que se salvaran de la quema ordenada por la Inquisición.

—Aquí no hay nada de eso. En 1773 hubo un robo en la biblioteca en el que desaparecieron todos esos manuscritos y nunca nadie ha sabido de su paradero. Se sospechaba de las sectas satánicas que en aquella época realizaban ritos clandestinos en lugares ocultos.

—¿Me autoriza a que pregunte a los monjes? ¿Dónde están?

—Los pocos que quedan son de clausura, no puede verlos el público; sus ceremonias son privadas y hoy no se reciben visitas, así que, por favor, les ruego que abandonen la iglesia y me disculpen. Les acompaño.

—Pero...

—Lo siento, no puedo atenderles, y absténganse de volver. Han venido al lugar equivocado.

En el camino hacia la puerta sus pisadas rompieron el absoluto silencio del templo. Tras atravesar el umbral, sonó el chirrido de las bisagras, el golpe al cerrar el portón y el giro de la llave aislando la iglesia del mundo exterior. En el jardín ni siquiera se oía el piar de los pájaros que debían habitar en la frondosa arboleda del entorno. A pesar de la insistencia de Rudy en volver a Viena, pues tenía ensayo con su orquesta a primera hora de la tarde, Damián se entretuvo admirando los muros y la fachada de la abadía, lo que retrasó varios minutos su partida. Rudy lo interrumpió apremiándolo y fueron hasta el coche.

Nada más alejarse del edificio en el vehículo, a Damián le dio un vuelco el corazón. Comenzaron a oírse, resonando entre sus muros, los sones de un canto gregoriano. Las voces, que a él siempre le parecían del más allá, se confundían con el ruido del motor.

—¡Para! —exclamó súbitamente Damián con expresión de asombro—. ¿No oyes?

Rudy invadió el arcen y frenó el coche.

—¡Escucha! —insistió Damián—. ¡Es el tritono del diablo! ¡Esos cánticos son antiguos y contienen los sonidos que prohibiera la Inquisición!

—¿Estás seguro?

—¿No te das cuenta? ¡Tú también los conoces y deberías percibirlos! ¿Qué significa esto?

Damián sabía muy bien de lo que hablaba, sus amplios conocimientos de musicología le habían permitido distinguir enseguida el acorde diabólico del Medievo.

—¡Da media vuelta!

Rudy giró a regañadientes y, de nuevo en el monasterio, tras bajar precipitadamente del vehículo, Damián golpeó el portón con insistencia. Los cantos cesaron de repente. Nadie abrió. La ausencia de sonidos hacía que el lugar pareciera abandonado, un convento fantasma.

El vienés insistió en que tenía prisa y rogó a Damián que entrara en el coche y volvieran ya a la ciudad. Contrariado, le hizo caso y dejó que lo condujera hasta la puerta del hotel. Pero no llegó a entrar cuando se apeó; al alejarse Rudy, corrió directamente a coger el tranvía a la Biblioteca Nacional, institución poseedora de más de ocho millones de libros, además de partituras e incluso papiros, enclavada en un magnífico edificio del siglo XVIII. Se dirigió en voz baja a la bibliotecaria que estaba sentada junto a la entrada de una sala barroca que guardaba gran cantidad de volúmenes antiguos.

—Buenas tardes —saludó Damián—. Desearía encontrar datos sobre la Iglesia de San Carlos.

Lógicamente, le explicó los motivos de su interés, y la bibliotecaria lo acompañó a una vitrina de donde, tras ponerse unos guantes de látex, extrajo varios ejemplares que, por su aspecto, debían tener varios siglos. Damián, también con guantes, estuvo hojeándolos sobre un pupitre y tomó algunos apuntes. Supo que San Carlos Borromeo, a quien estaba dedicada la parroquia, había sido uno de los impulsores del Concilio de Trento, en el que se dictaminó que la música deleitaba el espíritu alejándolo del goce de la presencia divina. Por este motivo se prohibirían los instrumentos y la polifonía, y se quemarían todas las partituras que no hubieran sido escritas para alabanza de Dios. ¡Precisamente eso representaba la escena de la pintura de la iglesia! ¿Tendría alguna relación con la Abadía de Heiligenkreuz?

Tras una cena rápida en un café cercano al hotel, volvió a su habitación sin parar de hacerse preguntas. Tenía, además de la foto de una *particella* ardiendo, los cánticos medievales prohibidos que había escuchado en el monasterio, la relación de San Carlos con el Concilio de Trento, y el número formado por 3-4-5-6, cuatro cifras correlativas que debían significar algo.

A la mañana siguiente transcribió a un pentagrama las notas de la iglesia de San Carlos y se dirigió al Museo de la Música. En la gran sala de entrada, Damián se sentó al piano de cola en el que quien así lo desee puede demostrar sus aptitudes interpretativas, sacó su partitura y comenzó a tocar los acordes.

De una de las salas contiguas salió deprisa una mujer de edad avanzada, delgada y bien vestida, quien, asombrada, se plantó delante del piano.

—¿Conoce esas notas? Soy Berta, del consejo rector del Museo y no había oído nunca a nadie interpretarlas aquí.

—¿De qué música se trata? —preguntó Damián.

—Acompáñeme, por favor.

Atravesaron el hall y subieron por una amplia escalera. En una sala privada del segundo piso, la mujer abrió uno de los muchos cajones del enorme aparador apoyado en la pared del fondo; buscó entre los papeles y sacó con mucho cuidado unas partituras amarillentas. Se trataba de la ópera *Thanos, rey de Egipto*, de Wolfgang Amadeus Mozart, una obra poco conocida que, incluso cuando se compuso, apenas llegó a representarse. Su interlocutora señaló varios acordes. ¡Eran los del techo de la iglesia! Toda la partitura contenía los tritonos y sus notas consecutivas en los pasajes más importantes. ¿Por qué?

La rectora del museo cerró el manuscrito y, en la primera página, Damián leyó su número de catálogo, *KV 345*, ¡3-4-5! ¡Increíble!

Casi sin decir adiós se apresuró hacia el tranvía que se dirigía a la biblioteca, para allí recopilar datos sobre Mozart que aún desconociera.

Pasó varias horas entre libros y papeles, tomando apuntes. Cuando hubo acabado, volvió al Museo de la Música, tenía poco tiempo antes de que cerraran. Preguntó por Berta y solicitó analizar determinadas obras del genio de Salzburgo. Encontró lo que buscaba, y tras dar las gracias y despedirse, llamó a Rudy con la intención de invitarle a cenar y mostrarle todo lo que había averiguado.

3

Se encontraron en un café cercano al museo. Pidieron dos cervezas negras y unas salchichas con chucrut. Mientras cenaban, Damián fue trasmitiéndole sus hallazgos. Tenía que compartirlos con su antiguo compañero; no en vano, si estaba en lo cierto, podrían revolucionar la historia de la música.

—Rudy, esto es alucinante. Verás: la partitura en llamas del techo de la iglesia con los tritonos prohibidos fue empleada por Mozart en muchos de los pasajes de su ópera *Thanos, Rey de Egipto*, ¿la conoces?

—Por supuesto —contestó Rudy—, conozco todas las obras del gran maestro. ¿A dónde quieres llegar?

—¡Vas a quedarte de piedra! Como debes saber, la ópera fue compuesta en 1773, justo el año en que desaparecieron todos los manuscritos medievales de la Abadía. Mozart puso música a la obra literaria de Gebler, un importante masón de la época, por encargo de la logia. El argumento de este drama cuenta la historia del rey egipcio Menes y de su hijo Thanos, una obra de intriga, ocultismo, misticismo y muerte, cuya música se basa en las tonalidades diabólicas prohibidas. Su número de catálogo es el 345, o sea, el 3 del tritono, pero también el número masónico por excelencia; el 4 de la cuarta aumentada y el 5 de la quinta disminuida.

—¿Qué me estás diciendo?

—Así es, Rudy. Gran parte de las tonalidades de la ópera y la base armónica de las obras de Mozart a partir de esa fecha se basan en la partitura del techo de la iglesia de San Carlos. Pero aún hay más, los cantos diabólicos medievales son como el gregoriano, pero añadiéndoles los tritonos prohibidos. Y eso fue lo que escuchamos cuando nos alejábamos de la Abadía, y también es el origen de gran parte de la música de Mozart.

—¡Increíble!

—Lo que significa que —prosiguió Damián—, además de ser masón, probablemente perteneció a una antigua secta satánica a través de la cual conseguiría las partituras prohibidas y copiaría bastantes pasajes para componer su música. Esos manuscritos desaparecieron en 1773, justo el año en que Mozart escribió la ópera *Thanos*, la primera de sus grandes obras, todas ellas presumiblemente inspiradas en los antiguos papeles robados. Si pudiera probarlo, demostraría que Mozart no fue tan genio como nos lo muestra la historia.

—¡Tú estás loco! —exclamó Rudy.

—¿Loco? Todavía hay más. Mi número era el 3-4-5-6. He llegado a descifrar los tres primeros dígitos, me falta el 6, el número del diablo; pues bien, el cementerio donde dicen que está enterrado Mozart está en el 6 de Leberstrasse. Estoy convencido de que las partituras que desaparecieron en 1773, en las que Mozart se basó, fueron enterradas allí por orden de la secta, para que nunca se desvelara el secreto. Así se cierra el ciclo: 3-4-5-6.

Tras la cena, y nada más dejar a Damián en el hotel, Rudy hizo una llamada.

—¡Lo ha descubierto todo! —exclamó.

—Entonces ya sabes lo que debes hacer —le respondieron al otro lado del teléfono.

Amaneció en Viena y de nuevo el sonido de los tranvías rompió el silencio de la mañana. Damián desayunó y salió a esperar a Rudy. Debían dirigirse al cementerio del 6 de Leberstrasse. En la recepción del hotel, la enorme Walkiria con aliento a *stroh*, le dio los buenos días. Rudy ya lo estaba esperando. Se saludaron, subieron al coche y emprendieron la marcha. Damián no paraba de hablar de su descubrimiento; estaba nervioso, incluso alterado y ensimismado en sus razonamientos. No sabía que el camino que seguía el vehículo de Rudy no era el del cementerio.

Se detuvo en lo que parecía el punto de confluencia de varias líneas de tranvía y su amigo justificó la parada porque iba a recoger algunas partituras de su próximo concierto, que había encargado en una tienda de música cercana.

Pidió a Damián que lo acompañara. Tras salir del coche, anduvieron pocos metros y se detuvieron en la acera porque los tranvías les impedían el paso. Damián se percató de repente de que Rudy no estaba a su lado y, al volverse buscándolo, se sobrecogió. Tras él se recortaba la figura siniestra del empleado de la abadía. Antes siquiera de poder reaccionar, sintió un fuerte empujón en la espalda que lo arrojó al suelo.

El sonido chirriante de los frenos de un tranvía se mezcló con varios gritos de horror. Atravesado en la vía, estaba Damián sobre un gran charco de sangre. Dos personas salieron del lugar corriendo rúa abajo y se perdieron por las cercanas callejas.

Esa misma mañana, en la Abadía de Heiligenkreuz, Rudy y sus compañeros de la secta satánica Ordo Templi Orientis, entonaron los cánticos medievales prohibidos y celebraron, con pasajes de *Thanos, rey de Egipto,* una ceremonia de adoración en honor de quien ha pasado a la historia como el genio más grande de la música.

Rudy dirigía el coro, y el siniestro personaje, cubierto con una túnica negra, era el oficiante.

El secreto no había sido desvelado.

El honor de Wolfgang Amadeus Mozart continuaría intacto.

**Allan Kardek, fundador de la
doctrina espiritista**
Foto: Pixabay

ENTRE ESPÍRITUS Y PASIONES

El mal no está fuera de mí, sino en mí.
Soy yo, por lo tanto, quien debe transformarse, y no las
cosas exteriores. Somos portadores de nuestro cielo y de
nuestro infierno.
(Allan Kardec)

1

No imaginaba Ramón Cruañes que ese día, por una llamada telefónica de Javier, volvería a despertarse su oculta concupiscencia para abocar a un funesto desenlace.

La rutinaria función de ordenanza municipal le permitía concentrarse durante la jornada de trabajo en su desinteresada tarea vespertina. Ramón era el gurú de una congregación muy de moda en el Alicante de 1977, a la que acudía semanalmente un grupo de infelices con problemas de personalidad y dudas sobre su misión en este mundo.

Iba para cura, pero había dejado el seminario por falta de vocación y porque cuando descubrió su adicción al sexo, que intentaba ocultar y reprimir, eso del celibato resultó demasiado para él. Sus frustradas inclinaciones espirituales y luchas internas lo empujaron a convertirse en una especie de guía y consejero; pero tenía una cara oculta: sus bajas pasiones, contra las que luchaba, aunque no siempre las venciera, lo que le llevó a estar implicado en varios casos de violación, si bien silenciados en aquella época oscura poco tiempo después de la muerte del dictador. ¡A ver qué mujer se atrevía entonces a denunciar!

Creía en la reencarnación y en el más allá. Alto, con poblada barba, mirada penetrante y palabra fácil, a sus cincuenta y seis años era un maduro muy atractivo. Sentía una predilección especial hacia su discípulo Javier Gómez, a quien constantemente aconsejaba sobre sus muchas dudas existenciales ya que, débil de carácter, podría decirse que no tomaba decisiones fuera de su aprobación.

Era jueves, más o menos las diez de la mañana, cuando recibiría en su trabajo la llamada de Javier.

—Ramón, necesito hablarte.

—¿Qué te ocurre?

—Verás… estoy en un mar de dudas. Tú me conoces muy bien y sabrás aclararme las ideas. Es importante que te vea, no te demores, por favor.

—De acuerdo. Esta tarde, a las cinco, quedamos en el Bristol.

Javier tenía 44 años y una arritmia cardíaca que, diagnosticada tiempo atrás, le obligaba a tomar medicación crónica. Había estado a punto de casarse, pero sus dudas frustraron la relación, que acabó en una ruptura traumática. De familia pudiente y abogado en una compañía de seguros, tras su aparente convicción ocultaba una importante falta de autoestima, más que probable a causa de la excesiva presión ejercida en su infancia por su madre. No era feliz, y por ello acudía al grupo de Ramón, a quien admiraba desde que asistiera a una charla que impartió sobre las doctrinas espiritistas de Allan Kárdec.

Cuatro días antes de telefonear a Cruañes, Javier había conocido a Silvia en una reunión de trabajo, convocada para resolver un problema relativo a la tramitación de un siniestro, que alcanzaría una pronta resolución. Bastó ese primer contacto para que se evidenciara una atracción mutua.

—¿Todo lo haces así de bien? —preguntó Silvia en tono insinuante refiriéndose al acuerdo que acababan de firmar, pero con una clara doble intención.

—Hay cosas que hago mejor —contestó Javier sin pensarlo dos veces.

La respuesta de Silvia fue inmediata.

—Tendrás que demostrarlo.

—¡Cuando quieras!

—Esta noche. ¿A las once?

Javier, sorprendido por la sagacidad de Silvia, le dio su dirección. Vivía en uno de los primeros edificios construidos en el Polígono de San Blas. ¡No lo podía creer! ¡Se había citado con Silvia en su casa, así de rápido, sin dudar!

Al aproximarse la hora, Javier, asomado a la ventana, era un manojo de nervios. Por fin, un taxi se detuvo junto a su casa y de él vio salir a Silvia, radiante. Los pocos minutos transcurridos hasta que escuchó el timbre de la puerta le parecieron siglos.

Era real, sí, allí estaba ella, con el fulgor de sus grandes ojos claros; con una preciosa sonrisa marcada en sus torneados labios; con la volatilidad y el volumen que los rizos castaños daban a su pelo. Lucía un chaquetón de piel sobre un vestido estampado y corto que marcaba las curvas de su cuerpo, unos botines de tacón que le hacían parecer bastante más alta, y el aroma penetrante de un perfume francés. «La esencia de mujer siempre se sirve en frascos pequeños, como el veneno». Acostumbraba a decir Silvia.

—¿Me invitas a pasar? No querrás follar conmigo aquí fuera, ¿verdad? —preguntó incitante a un boquiabierto Javier.

La cogió de la mano y atravesaron el umbral. Al cerrar la puerta les faltó tiempo para fundirse en un ardiente beso mientras unían sus cuerpos con fuerza. Fueron dejando un reguero de prendas de vestir por el pasillo, de camino al dormitorio, desprendiendo un calor cada vez más intenso. Se dejaban llevar con tal ímpetu que no quedó un poro de piel sin experimentar placer, y cuando Silvia se sintió penetrada, su apasionado gemido se trocó en grito y sus uñas se hundieron en la espalda de Javier, que jadeaba como si le faltara el aliento. El éxtasis los transportó más allá de todo goce conocido por ellos hasta ese momento. Luego, poseídos por la emoción, permanecieron un buen rato en silencio, empapados en sudor a pesar de la baja temperatura de finales de enero.

Encendieron un Marlboro y fueron alternando las caladas. Tras apurar la última, el desmedido deseo sexual, que no habían dejado de sentir en ningún momento, les hizo abrazarse con frenesí y caer rodando al suelo. Silvia se colocó encima de Javier y apretaba con ímpetu para sentir su pene en lo más profundo. Otra dosis de placer les sobrepasó. Y siguieron. Cambiaron de postura varias veces más, con ansia, hasta acabar exhaustos.

Pasaron la noche juntos. Vencidos por el sueño, durmieron abrazados, como si uno temiera perder al otro. Ninguno acudió al trabajo, ni siquiera justificaron su ausencia. A mediodía, pidieron unas pizzas.

—¡Eres un cabrón! ¡Me has hecho disfrutar como nunca! —susurró Silvia a Javier, que no acababa de asumir la realidad porque siempre había creído que jamás podría ocurrirle algo así.

—Estoy descubriendo contigo los mejores momentos de mi vida. Yo tampoco había gozado nunca tanto. ¡Me vuelves loco! —dijo Javier sin parar de besarla por todas partes—. ¿Qué hacemos ahora, Silvia? No quiero que esto se quede solo en un encuentro casual.

—No lo será, Javier. ¡No te dejaré escapar!

Se enzarzaron de nuevo, esta vez con más fogosidad, y así continuaron hasta bien entrada la tarde. Al ocaso, salieron a pasear por la playa cogidos de la mano, «como dos novios», tal como había propuesto Silvia, que deseaba sentirlo así. El reflejo de la luna creciente en el agua y el murmullo de las olas al romper sobre la arena fueron la imagen y el sonido perfecto para su romántica banda sonora. Ya era noche cerrada cuando llegaron a casa de ella y de nuevo hicieron el amor con pasión. Se despidieron de madrugada. Javier estaba seguro de que Silvia era la mujer de su vida.

Sin embargo, pasadas las horas de placer, surgió en él su habitual inseguridad «¿Cómo es posible que una mujer tan hermosa se sienta atraída por mí? ¿No se habrá creado una falsa ilusión por su necesidad afectiva? ¿No seré solo un capricho para ella?». Siempre le había costado ligar y, cuando lo conseguía, no era precisamente con cánones de belleza. Aún así siguieron los placenteros encuentros, si bien a los cuatro días su incertidumbre le había vencido: ya no se encontraba tan a gusto con Silvia, la consideraba una quimera, y decidió telefonear a Ramón. Estaba seguro de que, aquel a quien consideraba su maestro espiritual, sería el único que podría guiarle y acabar con las sensaciones que lo atormentaban. No podía ser que la realidad que estaba viviendo le estuviera pasando a él.

La cafetería Bristol estaba de moda. Situada en la confluencia de las calles Ángel Lozano y Pascual Pérez, era punto de encuentro habitual en aquellos años. Cuando llegó Javier, Ramón estaba sentado al fondo, entre los humos de tabaco que se condensaban en el local. De camino a la mesa, pidió un cortado al camarero y saludó a su maestro desde la barra. Luego tomó asiento frente a él.

—Hola Javier ¿qué tal estás?

—Bien, como se suele decir, pero con problemas.

—¿Qué necesitas de mí? —preguntó Ramón con aires patriarcales.

—Es complicado, pero intentaré explicarme: el pasado lunes tuve una experiencia extraordinaria. Desde ese día estoy haciendo el amor con la mujer más hermosa y deseada que he conocido: Silvia Ruiz.

—¡No sabes lo que me alegro, Javier! ¡Empiezas a ser tú mismo! ¡Te hacía falta algo así! —exclamó satisfecho Ramón—. ¿Y dónde está el problema?

—Silvia es dos años más joven que yo. Hace menos de un mes que pidió el traslado a la dirección de zona de Alicante desde la sucursal del Banco de Vizcaya en Alcoy, porque necesitaba cambiar de aires. Me confesó que, tras varias relaciones fallidas y un intento de suicidio, se sentía vacía y necesitaba dejar atrás su pasado.

—Vamos, por lo que cuentas, es una débil despechada emocional.

—Quizá, pero sabe que es muy atractiva y lo explota —según hablaba, a Javier se le notaba emocionado—. Es elegante y exhala erotismo por sus cuatro costados; me embruja su tono susurrante al hablar. Ha despertado en mí la pasión que deseaba desde hace mucho tiempo. ¡No te puedes imaginar cómo hace el amor! ¡Es una droga de la que cada vez soy más dependiente!

Ramón escuchó hasta que Javier hubo terminado. Construyó mentalmente la imagen seductora de Silvia y notó que se estaba excitando.

—Entonces, ¿cuál es el impedimento? —preguntó impasible.

—No lo sé, Ramón. Me surgen dudas de que la atracción que dice sentir por mí sea sincera, y pienso si yo podría ser para ella solo un mero instrumento con el que llenar su vacío. Silvia está muy por encima de mí, puede conseguir a quien quiera y no entiendo por qué me ha elegido; quizá sus sentimientos sean nada más un espejismo. ¿Tú qué crees? Necesito tu consejo.

—Para poder contestarte he de conocer a Silvia —quería decirlo desde que Javier comenzara a describirla y por fin había encontrado la ocasión—. Debo entrar en su subconsciente. Únicamente así, podré saber sus intenciones.

Javier la llamó desde el teléfono público del Bristol.

—Hola Silvia.

—¡Javier! ¿Por qué llevas dos días evitándome? ¡Te echo de menos!

—Cosas mías, no te preocupes. Me gustaría presentarte a una persona que para mí es muy importante. Se trata de mi guía espiritual, le he hablado de ti y quiere conocerte. ¿Te importa si vamos a cenar esta noche a tu casa?

Ella no comprendió esa necesidad imperiosa de Javier, pero accedió porque ansiaba verle.

Silvia vivía alquilada en el primer piso de uno de los viejos edificios cercanos a la antigua estación de autobuses, rodeado de naves industriales

Foto: El nostre Alacant d'Antany

2

Silvia vivía alquilada en el primer piso de uno de los viejos edificios cercanos a la antigua estación de autobuses, rodeado de naves industriales. Arreglada y sonriente, abrió la puerta y recibió a Javier con un beso apasionado. La entrada daba directamente al comedor, iluminado por la luz de las velas dispuestas tanto en la mesa como en varios puntos de la estancia. El olor a sándalo que desprendían unas varitas incandescentes impregnaba la vivienda. La orquesta de Paul Mauriat como música de fondo completaba el perfecto ambiente romántico creado por Silvia para la ocasión.

Ramón, ya impactado por la silueta de su cuerpo recortada por la tenue iluminación, al inhalar su penetrante perfume mezclado con aroma a santuario creyó estar ante una diosa. Se imaginaba cómo podría ser el sabor de sus labios, y su mente repetía como un mantra la frase de Javier: «¡No te puedes imaginar su manera de hacer el amor!». Sintió una repentina excitación.

Durante la cena charlaron, siempre dirigidos por Ramón, tan hábil para manejar a los demás y llevarlos a su terreno. Su pretensión era impresionar a Silvia, que ya comenzaba a obsesionarlo. En la sobremesa hizo todo lo posible para sentarse junto a ella en el sofá, y esperó a que se vaciaran las primeras copas de brandy para recurrir a un tema que conocía bien y que estaba seguro le apasionaría: las teorías espiritistas de Allan Kardec.

Narró detalles de su asidua asistencia, a veces con Javier, a las sesiones en las que Pepa, una médium entrada en años, contactaba con los espíritus descarriados. Luego, por iniciativa suya, filosofaron acerca de la frase de Kardek: «El mal no está fuera de mí, sino en mí». Con la tasa de alcohol suficientemente alta, pero la mente aún fría, encontró el momento adecuado para atraer más la atención de la mujer.

—A través de la experiencia espiritista, podrías crear todo un cúmulo de imágenes y sensaciones en tu cerebro, vivir experiencias indescriptibles que te trasladarían a un mundo de placer, sin necesidad de caer en la droga. Aunque también es verdad que nosotros usamos a veces algún apoyo, totalmente inocuo, para alcanzar un estado de éxtasis que ni te imaginas.

Mientras terminaba de pronunciar la frase, se levantó de la mesa y fue hacia su abrigo, colgado en el perchero. Del bolsillo sacó un pequeño frasco negro cerrado herméticamente con un corcho.

—¿Ves, Silvia? —Lo mostró levantando el brazo—. Solo un pequeño sorbo de este líquido puede hacerte vivir como si fuera real todo aquello que desees. Lo usamos en muy contadas ocasiones para quienes necesitan sensaciones muy potentes. Pero ¡cuidado!, si no se toma en pequeñas cantidades se convierte en un potente veneno que no deja rastro.

Dicho esto, volvió a introducirlo en su bolsillo y pidió confidencialidad.

Conforme avanzaba la noche, su atracción hacia Silvia iba en aumento. Empezaba a odiar a Javier, deseaba estar en su lugar. Su lado más ruin lo dominaba y un maquiavélico plan surgió de su mente trastornada por la lujuria.

—¿Qué os parece si mañana venís conmigo a una sesión con Pepa, la médium? —preguntó, cogiendo la mano de Silvia y mirándola a los ojos.

—¿Por qué no? ¡Me apetece mucho! —contestó, buscando el asentimiento de Javier.

—¡Perfecto! Nos vemos en la Rambla a las ocho de la tarde, delante de La Parisién. Conoceréis a Raquel, quien os introducirá en la sesión. Sed discretos, sabéis que este tipo de reuniones están prohibidas por la Iglesia y el Gobierno. Lo que allí veáis o sintáis, quedará entre nosotros.

—Allí estaremos —afirmó Silvia.

—De todas maneras, aquí tienes mis números de teléfono, tanto el del trabajo como el de mi casa, por si necesitaras algo —dijo mientras los anotaba en una hoja que arrancó de un pequeño bloc y entregó a Silvia.

—Gracias, Ramón. —Silvia guardó el papel—. Ha sido un placer conocerte.

Ya era tarde cuando se despidieron de ella. Bajaron la escalera en silencio y nada más pisar la calle, Ramón se dirigió a Javier.

—Creo que tengo mi propia opinión acerca de las intenciones de Silvia, pero de momento no te diré nada, quiero esperar a la sesión de mañana para estar seguro. Los espíritus guía que se manifiesten sabrán interpretarlas mejor que yo, y entonces no tendrás dudas.

84

La Parisién era una famosa pastelería en el Alicante
de aquellos años
Foto: Hoja del Lunes. Aquel Alicante que se nos fue

3

La Parisién era una famosa pastelería de Alicante en aquellos años. Ubicada frente al Banco de España, tenía una puerta central flanqueada por dos escaparates donde se exponían sus apetitosos productos. En la parte superior, con tipografía *KuenstlerScript* y construido con tubos de neón, el rótulo del establecimiento se iluminaba en rosa.

Silvia y Javier llegaron puntuales. En el exterior les aguardaba Ramón. Al entrar sonó la campanilla que pendía del dintel. El establecimiento estaba repleto de estanterías en las que se distribuían dulces y pasteles. Tras el mostrador, situado al frente del local, los recibió una señora de mediana edad y aspecto distinguido, con un blanco delantal de trabajo anudado a la cintura. Ramón fue quien saludó primero.

—Buenas tardes Raquel, aquí estamos, como te dije.

—¿Qué tal, Ramón? ¡Hola, Javier! Tú debes ser Silvia, ¿verdad? —preguntó dirigiéndose a la joven.

—Así es. Mucho gusto. —Se intercambiaron dos besos en las mejillas.

—¡Eres guapísima! —exclamó Raquel—. Ramón se ha quedado corto al describirte.

—Gracias. —Al volverse agradecida hacia Ramón, pudo observar que tenía sus ojos fijos en ella.

—¿Has estado en alguna sesión espiritista? —preguntó Raquel.

—No, es la primera vez y tengo mucha curiosidad.

Raquel, coordinadora del grupo y dueña del piso donde se celebraban las sesiones, explicó a Silvia que estas consistían en contactar con los espíritus de personas fallecidas, ignorantes de su propia muerte, a fin de ayudarlas a encontrar la luz para que puedan seguir su camino hacia el más allá; también reveló que los espíritus guía, encargados de ayudarles en el tránsito, daban además consejo a los asistentes cuando así lo reclamaban, y que todos los miembros del grupo seguían la doctrina de Allan Kardec, que Ausó y Monzó, fundador de la Asociación Alicantina de Estudios Psicológicos, introdujera en 1868. Silvia preguntó por Pepa, porque desde que Ramón le hablara de ella, tenía el deseo de saber cómo era una médium y comprobar si era cierto que podía comunicarse con los espíritus.

—Está arriba —contestó Raquel—, en un momento la conocerás. Es una mujer misteriosa capaz de desnudarte el alma. Te asombrarás de su capacidad para penetrar en tus sentimientos a través de los entes con los que contacta.

Tras despachar a los últimos clientes, Raquel se quitó el delantal y apagó las luces para, después de salir los cuatro a la calle, bajar la persiana metálica. Caminó delante y una vez hubieron doblado la esquina, les indicó que subieran los cuatro peldaños que daban acceso a la callejuela de Santo Tomás. La gran actividad de la Rambla, entonces núcleo comercial, se estaba apagando: eran ya las ocho y cuarto. Silvia no conocía el casco antiguo y se quedó asombrada al encontrar una calle tan estrecha y solitaria pegada a la principal arteria de la ciudad. Unos pasos más allá, Raquel se detuvo ante la vieja fachada del número 5, sacó una llave del bolsillo y abrió el enrejado negro del zaguán.

Una luz tenue, que no permitía ver la humedad que supuraban las paredes, iluminaba la angosta escalera por la que subieron sin hablar hasta el segundo piso. De nuevo hizo girar otra llave en la puerta de madera que daba a la vivienda y, antes de cruzar el umbral, pidió que guardaran silencio mientras avanzaban por un pasillo en penumbra hasta llegar al fondo, a lo que debía ser el comedor.

—Saludos, hermanos —dijo Raquel a los presentes al acceder a la estancia.

—Saludos para ti y para los hermanos que vienen contigo —escucharon responder.

A Silvia, que comenzaba a experimentar cierta sensación de miedo, le costó distinguir a quienes allí se encontraban casi a oscuras. Cuando sus ojos se habituaron, pudo discernir a una anciana de cabello blanco recogido en un moño que, por su aspecto, podría tener más de noventa años. Se encontraba sentada a una mesa al fondo de la sala. A Silvia le impresionó su figura erguida, que le trasmitía respeto, e incluso algo de pánico por el tono profundo de su voz. Imaginó que se trataba de Pepa.

Había cuatro sillas vacías alrededor de aquella mesa de madera con las patas ricamente labradas que, como el resto de los muebles, tenía el estilo rancio de los años cuarenta del pasado siglo. La estancia, decorada con damascos dorados sobre fondo azul ultramar, solo estaba iluminada por gruesos velones colocados sobre la mesa, que proyectaban fantasmagóricas sombras a su alrededor.

Raquel se sentó junto a un hombre mayor que estaba a la derecha de la anciana, y a Silvia le indicaron que ocupara la silla de enfrente, entre Javier y Ramón. De una rápida ojeada observó a todos los presentes: al lado de Ramón, una mujer, también muy mayor, vestida de negro, con rictus de figura de cera; un hombre muy delgado, con traje marrón y corbata negra; otro grueso y con bigote; Pepa, vestida con un jubón antiguo, pasado de moda; otro señor mayor, de piel cuarteada y peinado hacia atrás con gomina, y Raquel; al otro lado, Javier, dos mujeres y un hombre elegantemente vestidos. La media de edad no bajaría de los 70 años.

—Buenas noches, soy Pepa. —Se dirigió a Silvia—. Hola, Ramón: Raquel me ha dicho que tenías mucho interés en que hoy participaran estos dos amigos tuyos. ¿Cuál es el motivo? Javier es casi de la casa, pero ¿la chica tiene claro que no debe divulgar lo que aquí vea y escuche?

Ramón le explicó que sus invitados creían en el más allá y que deseaban contactar con los espíritus guía.

—Están enamorados y sería bueno que les dieran sus bendiciones para afianzar su unión.

—Unamos, pues, nuestras manos —pidió la médium.

Ramón sintió el calor de Silvia en la suya mientras permanecieron en silencio, hasta que Pepa, poniendo sus ojos en blanco, exhaló un fuerte eructo. A continuación, con una voz solemne, diferente a la suya, se dirigió a los presentes.

—Benditos seáis, hermanos. Una vez más tengo el inmenso gozo de estar junto a vosotros.

Los asistentes abrieron los ojos y vieron a Pepa oscilar ligeramente sobre su asiento con la mirada perdida en lo alto. Silvia ya estaba aterrorizada.

—Bienvenida, hermana Concepción. ¿Hay alguien más contigo? —preguntó el hombre sentado junto a Pepa.

—Por supuesto, queridos míos. Hoy traigo a otros hermanos y hermanas que desean saludar a vuestros invitados por haber tenido la gentileza de acompañarnos —respondió la médium.

Muy sutilmente, Ramón susurró al oído de Silvia:

—Han venido a través de Pepa varios espíritus guía, la hermana Concepción es uno de ellos. Debes corresponder a sus saludos y contestar a sus preguntas. No tengas miedo.

Lo que aconteció después le sorprendió aún más. A través de Pepa hablaron varias personas. Una tras otra se iban presentando y la médium iba cambiando de voz y eructando cada vez que acogía a un nuevo ente. A petición de Ramón los espíritus desnudaron la intimidad de Silvia, haciéndole hablar de su vida, de sus sentimientos, de su mundo interior más oculto, todo ello ante el asombro de Javier.

Transcurrida casi una hora, una vez hubieron acabado con Silvia, el grupo celebró gozoso la llegada de un nuevo guía que todos veneraban sobremanera, se trataba del doctor Rico, quien les exhortó a despedirse de los invitados para dar paso a varias almas perdidas que necesitaban encontrar la luz. Ramón hizo a Silvia y Javier una seña para que se levantaran, y les acompañó hasta la puerta antes de regresar a la mesa para proseguir la sesión.

A la mañana siguiente, nada más entrar en la oficina, Javier telefoneó a Ramón para que le informara de sus impresiones. Quedaron a la hora del almuerzo en el Kennedy, una cafetería cercana.

—Javier, sé que te va a caer como un jarro de agua fría, pero tus sospechas eran ciertas —mintió Ramón—. Es doloroso lo que voy a decirte, pero después de que vosotros os marcharais, preguntamos a los espíritus que habían penetrado en el subconsciente de Silvia durante la sesión para descubrir sus sentimientos.

—¿Y a qué conclusión llegaron?

—Los espíritus presentes llegaron a la conclusión de que Silvia, mujer caprichosa y enamoradiza, está utilizándote, aprovechando -no te molestes, por favor- tu vacío de personalidad y tu falta de criterio para convertirte en un títere a su antojo, y que, cuando vea satisfechos sus deseos, se cansará de ti y te abandonará.

—¡Dios mío! No estaba equivocado ¿Y qué debo hacer ahora?

—Debes dejarla, Javier. —El cinismo de Ramón alcanzó su grado sumo—. No puedes consentir que nadie te vuelva a hacer daño, caerías en un abismo del que esta vez te sería difícil salir. Te lo aconsejo no solo como tu maestro, sino como amigo.

Ramón se asombró de su propia ruindad. Sabía que nunca había caído tan bajo, pero su objetivo, conseguir a Silvia, lo justificaba todo. Y era capaz de cualquier cosa con el fin de poseerla.

A Javier le resultó imposible volver al trabajo ese día. Telefoneó, excusándose, y salió a caminar por el puerto. Su mente revivía las recientes escenas apasionadas, pero también le surgían las dudas planteadas por sus inseguridades. No era solo Ramón quien se lo había confirmado, sino que los espíritus en los que creía también lo habían corroborado desde el más allá. No podía volver a hundirse en el vacío. Muy a su pesar, debía cortar con Silvia.

A primera hora de la tarde fue a su casa. Silvia lo abrazó, pero sintió que Javier no le correspondía con la misma pasión.

—¿Qué te pasa? —preguntó mientras lo llevaba de la mano hasta el sofá sin apartar la mirada de sus ojos.

Javier se lo explicó todo: sus dudas, sus problemas, el mensaje de los espíritus y sobre todo los consejos de Ramón.

—Él me conoce más que nadie y tiene claro que debo alejarme de ti.

A Silvia le pareció imposible lo que estaba escuchando. No podía creer que Javier se marchara de su vida, y menos por la intromisión de otra persona.

—¡Pero tú me quieres, Javier!

—Debo dejar de quererte antes de que sea demasiado tarde. Yo no te merezco. Y el día menos pensado pasarás de mí.

Silvia apretó con firmeza las manos de Javier y le juró que estaba enamorada de él, que nunca lo dejaría, que por fin había encontrado quién le hiciera sentir una pasión no experimentada antes.

—Javier, por favor, no lo hagas. ¿Quién es ese Ramón para imponerte su voluntad? ¡Olvídalo! ¡Debes pasar de él y ser tú mismo!

—No puedo, le tengo mucha fe; más todavía, creo en los espíritus que le aconsejaron.

—¿Qué dices? ¿Es posible que te hayas creído la patraña que presenciamos anoche?

—No fue una patraña, tú también eres consciente de lo que allí viste. Deseabas acudir para obtener respuestas.

—Lo hice por ti; tenía curiosidad, pero nada más.

—Lo siento, Silvia. Debo alejarme antes de que me hagas daño.

—Pero, ¿te das cuenta de lo que estás diciendo? Seré yo la que caiga de nuevo en una depresión y quizá vuelva a estar al borde del suicidio. Nunca pensé que se pudiera amar tanto. Te quiero, Javier ¿qué puedo hacer para demostrártelo?

Una potente voz interior le gritaba que no se marchara, que Silvia le decía la verdad, que estaba tirando su gran oportunidad por la borda. Pero no la escuchó. El poder de Ramón pesó demasiado en este hombre incapaz de admitir que una mujer así se hubiera enamorado de él.

—No puedes hacer nada, adiós.

De la manera más fría y sin mirar atrás, salió cerrando la puerta de golpe. En la vivienda quedaron las lágrimas, la amargura y la desesperación de Silvia, que cayó al suelo con claros síntomas de disnea y veía esfumarse, sin comprenderlo, la maravillosa ocasión que le había regalado la vida al encontrar la dicha, que siempre había soñado, junto a una persona a la que quería de verdad. Y el fantasma del suicidio, volvió a deambular por su cabeza.

Ramón tenía claro que Silvia lo llamaría para pedirle explicaciones de lo ocurrido con Javier, para preguntarle por qué había provocado la ruptura. Era parte del plan. Así lo había previsto y así sucedió. Silvia le propuso quedar en una cafetería del centro, pero Ramón, con su persuasión habitual, la convenció para que lo recibiera en su casa.

—Estaremos más cómodos y podremos hablar con total libertad —le dijo.

Silvia vestía una bata azul cuando abrió la puerta. A pesar de mostrarle un semblante serio, le dio un beso en cada mejilla, le hizo pasar y colgó su abrigo en el perchero de la entrada. La visión de Silvia lo enloqueció desde el primer momento haciendo crecer su deseo hacia ella. Ya sentados en el sofá de la salita, la muchacha le recriminó.

—Ramón, ¿qué has hecho? ¿Qué le has dicho a Javier? ¿Quién eres tú para manipularlo de esa manera? ¡Me has jodido la vida! —Su tono era de ira y reproche.

—Te entiendo, Silvia. Tranquilízate y déjame hablar —dijo desplegando sus dotes de seductor—. Javier es una persona amargada e insegura. Tuvo un desengaño amoroso que lo marcó por no haber sabido mantener la relación. Contigo se ha creado un espejismo que pronto desaparecerá. Es voluble y no sabe lo que quiere. Lo de los espíritus fue una pantomima para convencerle de que debía dejarte. Lo hice por ti.

—¿Por mí? ¡Pero ¿qué dices?! ¡Eres ruin!

—Silvia —interrumpió sin apenas alterarse—, tú tienes toda la vida por delante. Eres muy hermosa y podrás enamorar a quien quieras. Al lado de Javier acabarías siendo desdichada y no te lo mereces. Me duele mucho esta situación, porque sabes que lo aprecio como discípulo y como persona, pero debo evitar su infelicidad y también la tuya. Entiéndelo.

Bien al contrario, Silvia no comprendía nada y rompió a llorar. Ramón cogió sus manos, «¡Qué hermosa está», pensó según experimentaba un impetuoso impulso de abrazarla. Y lo hizo.

Silvia se dejó llevar, un abrazo de consuelo era lo que más necesitaba en esos momentos, pero no le gustó sentir cómo las manos de Ramón se deslizaban por toda su espalda y cómo la apretaba contra su pecho mientras le susurraba al oído:

—No te aflijas. Si lo que quieres es placer, yo puedo darte todo el que te apetezca…

Desconcertada, lo apartó bruscamente y se puso en pie.

—¿Qué haces? ¡Ahora lo entiendo todo! ¡Tus miradas, tu actitud! ¡¿Cómo no me había dado cuenta antes, cerdo, miserable?! ¡Sal de mi casa ahora mismo!

Pero Ramón ya no puede parar. Así es él, incontrolable cuando aflora su bajeza. Da un fuerte bofetón a Silvia haciendo que caiga al suelo y la arrastra hasta el dormitorio. Ella se resiste y grita, pero en el solitario edificio nadie la escucha. Ramón, ya fuera de sí, vuelve a golpearla. Con Silvia sometida, arranca su ropa y la viola salvajemente.

De nuevo, los gritos de la joven le hacen perder el control y le aprieta el cuello con fuerza. La brutalidad se une a la lascivia. Cree ser el macho dominante con el objeto de deseo a su merced. Silvia pierde el conocimiento, Ramón tiene la sensación de que no respira.

—¡Silvia, Silvia! —le grita mientras la abofetea.

Pero no vuelve el sí. Continúa zarandeándola.

—¡La he matado! —exclama con desesperación.

Se sube el pantalón, sale de la casa, y, tras cerrar la puerta, corre despavorido escaleras abajo. Una mezcla de frustración e ira le corroe.

—No quería llegar a esto, pero nadie puede acusarme. Si la Policía encontrara mis huellas, no tendría importancia, estuve hace nada en esa casa cenando con Silvia y Javier —se dice a sí mismo en voz baja mientras comienza a caminar por la calle sin remordimiento alguno.

Ramón se reunía con sus discípulos esa misma tarde en el grupo Hermes, sito en un local donde se practicaba el espiritualismo y las ciencias ocultas, pero no le comentó nada a Javier en relación con Silvia. Al finalizar la sesión, cuando él lo abordó para cambiar impresiones, se excusó diciéndole que estaba algo indispuesto y que se marchaba a casa. No pegó ojo; estaba rabioso y atemorizado al mismo tiempo que se justificaba una y otra vez:

—¡No quería hacerlo, pero la muy puta me rechazó y no pude controlarme!

4

Sobre las nueve de la mañana, Ramón, preocupado, telefoneaba a Silvia. Nadie descolgó. Fue a su casa y no contestó a la llamada. Preguntó por ella en su trabajo presentándose como un pariente suyo; mostraron extrañeza.

—Es raro, suele avisar si falta por algún motivo —le dijeron.

Su jefe volvió a insistir con el teléfono, pero nada. A Ramón no le cabía duda, ¡Silvia estaba muerta! No había testigos, pero Javier acabaría descubriéndolo: «¡Eso sería mi perdición!».

—¿Qué tal estás? —le preguntó Ramón cuando ambos se encontraron en el Bristol tras haberlo convocado intencionadamente, aparentando interesarse por él.

—No me hago a la idea. Es imposible quitarme a Silvia de la cabeza, no puedo borrar mis sentimientos. Me pregunto si he hecho bien dejándola.

—Has hecho lo correcto, Javier, sin duda es lo mejor para ti; en un futuro no muy lejano me lo agradecerás. De todas maneras, aunque no la tengas, puedes disfrutarla de nuevo y revivir vuestro éxtasis amoroso, porque todo está ahí —le dijo, poniendo un dedo en su frente—. Lo que sentimos es fruto de nuestra mente, podemos crear placeres en ella a nuestro antojo, vivir sensaciones tan potentes que no sabemos dónde está la frontera entre lo real y lo irreal. ¿Te gustaría gozar con Silvia, que regresaran sus besos, su aroma, su manera de hacer el amor?

—¡Pues claro! La añoro cada vez más.

Ramón sacó del bolsillo el frasco negro cerrado con corcho que le mostrara en casa de Silvia y lo puso encima de la mesa.

—¿Recuerdas esto?

Javier rememoró el momento en que Ramón se lo había mostrado a los dos. Casi volvió a oír sus palabras: «solo un pequeño sorbo puede hacerte vivir como real lo que puedas imaginar».

—Nunca lo he tomado. Es alucinógeno, ¿verdad?

—Y muy potente, ya os lo dije, pero también sabes que es peligroso si se toma en grandes cantidades. Con el poco contenido que queda en el frasco no te ocurrirá nada. Mañana me contarás qué tal fue tu placentera experiencia.

Javier se despidió, subió al coche y condujo presuroso. La posibilidad de gozar como si fuera real uno de los encuentros con Silvia, le produjo tal estado de ansiedad que, una vez en casa, se olvidó de la cena e incluso de su pastilla para el corazón. Encendió unas velas y puso a Paul Mauriat en el picú, la música que le gustaba a Silvia. Se desnudó completamente, abrió el frasco y sin pensarlo, bebió todo su contenido de un trago. Luego se tumbó en la cama y empezó a imaginar.

Poco a poco fue entrando en un letargo en el que comenzaron a aparecer siluetas difusas. Conforme transcurrían los minutos las escenas eran cada vez más reales. Junto a él estaba Silvia, desnuda y radiante, acariciándolo suavemente, y comenzó a percibir una sensibilidad máxima en sus terminaciones nerviosas. Se apretaban uno contra otra y emprendían todo tipo de juegos sexuales. Javier estaba mejor que nunca, su grado de excitación era muy alto; notaba el sudor, los jadeos de ambos, la intensidad de los besos apasionados, el calor de los cuerpos unidos, las palabras de Silvia susurrándole al oído frases de amor.

No podía más, había traspasado el cenit del placer, estaba entrando en una especie de locura imparable. Silvia, a horcajadas sobre él, lo miraba con sus grandes ojos claros. El entorno se iluminó con una potente luz blanca, casi cegadora, y sintió que le faltaba el aire. La silueta de Silvia se tornó difusa, cada vez menos visible.

De repente, el corazón de Javier dejó de latir.

Más de media hora tardó Silvia en abrir los ojos desde que Ramón saliera huyendo despavorido de la casa. Una sensación de ahogo dificultaba su respiración y comenzó a toser fuertemente. El dolor que sentía, la frustración, la impotencia y su vacío interior le provocaron un fuerte ataque de ansiedad. No tenía ganas de nada, ni siquiera de vivir, y esa idea se iba afianzando cada vez más en su consciencia, pero era necesario sosegarse y pensar.

Tras vestirse, guardó en un maletín algunas pertenencias. Se dirigió a la cercana estación y subió al primer autobús que salía, sin importarle el destino.

Estuvo sólo tres días fuera de la ciudad. La paz de un pequeño hotel rural en Xixona, los paseos por el campo y una buena dosis de ansiolíticos le hicieron volver en sí y meditar. «He de hablar con Javier, contarle lo sucedido. Debo recuperarlo a toda costa», resolvió en silencio.

Volvió con el primer autobús de la tarde y desde la estación cogió un taxi. Sabía que a esa hora Javier estaría en casa. Llamó insistentemente al timbre, pero no obtuvo respuesta. Vivía solo y ella no conocía a nadie de su familia a quien acudir. Golpeó la puerta y gritó su nombre, lo que hizo que algunos vecinos salieran a la escalera. Había ya un grupo de cuatro personas cuando una vecina dijo que tenía la llave del piso por si era menester. Decidieron entrar.

Al traspasar el umbral les llegó un olor desagradable. Avanzaron por el pasillo y, al llegar al dormitorio, encontraron a Javier tumbado en la cama, desnudo, sin vida.

—¡No! ¡No puede ser! —gritó Silvia con sorpresa y dolor.

Le atacó la histeria, había perdido sus esperanzas de futuro, de recuperar su amor. Entre sollozos vio sobre la mesita de noche el tarrito negro junto a su tapón de corcho. «El veneno es como el perfume, se sirve en frascos pequeños». Sin que nadie se percatara lo guardó rápidamente en el bolsillo. Su desconsuelo fue trocándose en una tremenda rabia al recordar la cena en la que había comenzado esta locura. ¡Lo tenía claro!: Ramón estaba detrás de todo, había hecho lo imposible para alejar a Javier de ella y hacerla suya a toda costa.

—¡Maldito santón, lobo con piel de cordero, cómo nos has engañado! ¡Has provocado su muerte para evitar que supiera lo que me hiciste! ¡El muy cerdo me las va a pagar…! —dejó desbordar su enojo.

Avisaron a la policía, que tomó declaración a todos los presentes. El forense dictaminó muerte por paro cardíaco. La familia se hizo cargo del cadáver.

Ramón se enteró enseguida del suceso. «No tenía otra alternativa. Javier no podía llegar a saber nada de cómo había muerto Silvia», estaba convencido. Pero un atisbo de conciencia le hizo asimilar la magnitud de los hechos que él había provocado. «¡Muertos los dos! ¿Cómo he podido llegar tan lejos? ¿Cómo es posible que mi obsesión hacia una mujer haya desencadenado esta tragedia?».

Se sintió ruin, mezquino. No era la primera vez que sus deseos carnales lo dominaban, pero nunca con tan funestas consecuencias. Debía guardar silencio y seguir aparentando ser el maestro capaz de dar consuelo espiritual a un puñado de infelices que acudían a él para llenar su vacío interior. Quizá la policía sospechara, pero no encontraría ninguna evidencia para culparlo. Nadie sabía de su obsesión por Silvia.

Enterraron a Javier en el panteón familiar y, con toda su sangre fría, acudió al cementerio junto a sus compañeros del grupo Hermes para dar el pésame a los parientes.

5

—Mis bendiciones. Soy vuestra hermana Concepción. ¡Sed todos bienvenidos!

Comenzó la sesión espiritista con los saludos de rigor. Todos cerraron los ojos con las manos entrelazadas. Tras un fuerte eructo, Pepa recibió al primer espíritu guía.

—Nuestra reunión de hoy va a ser muy especial, sobre todo para ti, Ramón —continuó el espíritu por boca de Pepa—. Están conmigo dos almas que necesitan vuestra ayuda para encontrar la luz. En vida se llamaban Silvia y Javier, dicen que tenían una estrecha relación contigo.

A Ramón, quien como cada semana había acudido a la comunión espiritual, le entró pánico. Aunque estaba convencido de que nada escapa a los hermanos del más allá, no se le había ocurrido pensar que algo así pudiera suceder.... Ahora tenía que ingeniárselas para salir airoso del trance.

—Están muy desconcertados —prosiguió la hermana Concepción—. Me dicen que unas extrañas circunstancias causaron su muerte, pero todavía ninguno puede comunicarse con vosotros porque no han alcanzado el suficiente grado de evolución. El alma de Javier sigue apegada a su cuerpo y el de Silvia está a su lado. Solo lograréis darles luz si rezáis juntos ante su tumba. Hermanos, os emplazo allí mañana a la puesta del sol.

Ramón tenía que evitar a toda costa acudir a esa cita, por lo que al finalizar la sesión aseguró que otras obligaciones le imposibilitaban su asistencia. Pepa lo agarró de las manos y clavó sus ojos en él con una mirada capaz de fulminarlo.

—Te quiero allí mañana, hemos de estar todos, y tú has de guiarnos al lugar donde está enterrado Javier ¿o es que tienes miedo de algo?

—No, Pepa, no te preocupes, allí estaré, como deseas.

Se citaron en la calle San Agustín, en el interior del campo santo, justo delante de la estremecedora escultura que cubre la tumba del novillero alicantino Ángel Celdrán Carratalá. La tarde era bastante desapacible, una ligera bruma caía sobre la ciudad y el sol se filtraba entre las nubes. Era viernes 4 de febrero de 1977. Hacía frío y la luna llena comenzaba a aparecer.

El cementerio estaba desierto. Poco después de la hora convenida, acudieron todos los espiritistas del grupo. Ramón llegó el último, nervioso, con una expresión poco habitual que no pasó inadvertida para Pepa, quien lo observaba sin perder detalle. Solo anduvieron unos metros hasta llegar al panteón que los familiares de Javier, industriales adinerados de la ciudad, habían construido en 1943. Allí reposaban dos generaciones. Estaba ubicado en una esquina, resguardado de las miradas; dos grandes cruces de piedra flanqueaban la entrada, en la que se podían ver, talladas, las iniciales de la familia. Cerca, una escultura en mármol imitando *La Pietà* de Miguel Ángel.

Por indicación de Pepa, colocada a espaldas de la puerta del panteón, el grupo se distribuyó a su alrededor. Ramón estaba frente a ella, de cara al mausoleo. Entrelazaron las manos y cerraron los ojos. El sol estaba más bajo, la bruma creaba unos contraluces casi fantasmagóricos, las sombras de los presentes se proyectaban alargadas en las paredes del sepulcro y el silencio era total.

—Bienvenidos, hermanos —comienza Pepa en su trance—, mis bendiciones sean con vosotros. —Es la hermana Concepción quien habla por su boca—. Como sabéis, hoy daremos luz a dos espíritus enamorados que vieron truncadas sus ilusiones y su vida al ser víctimas de la mezquindad humana. Debemos elevar nuestras oraciones y mostrarles su camino, pero antes, uno de ellos desea hacer una confesión. Le doy paso.

—Saludos a todos —Pepa cambia el tono y una voz masculina surge de su garganta— soy vuestro hermano Javier.

A Ramón le cambia el gesto. ¿Qué iba a pasar ahora? Había sido descubierto por entes no terrenales, en los que creía. Seguro que Javier lo iba a acusar y no tendría escapatoria. «He de reaccionar rápido, encontrar argumentos, mantener la sangre fría».

Javier describe por boca de Pepa cómo murió, haciendo responsable a Ramón.

—Queridos hermanos: ¡Jamás pude imaginar que mi maestro espiritual, mi guía y consejero, fuera capaz de caer tan bajo! ¡Me mintió y me envenenó para conseguir sus mezquinos propósitos!

Tras pronunciar esas palabras, Pepa se alza colocándose casi de puntillas y, con las órbitas de los ojos en blanco y el semblante tenso, lanza su dedo índice hacia Ramón, estirando el brazo al máximo, al tiempo que su voz se vuelve solemne y grave:

—¡Yo te acuso, no solo de mi muerte, sino también del asesinato de Silvia, a quien engañaste para saciar tus bajos instintos! ¡Eres el ser más despreciable que hay sobre la tierra!

Ramón se sobrecoge. Está muy alterado y nervioso. Debe defenderse como sea.

—¡Hermanos, no creáis semejante sarta de mentiras! ¡Este espíritu es un impostor! Estoy seguro de que un íncubo ha burlado a nuestros guías y se ha manifestado para sembrar el mal acusándome en falso. ¡Miente, porque Javier murió de un ataque al corazón, así lo certificaron los médicos! ¡Yo soy inocente! Y en cuanto a Silvia, ¡tenía un carácter depresivo y debió de suicidarse después de que Javier la dejara!

Es en ese momento cuando escucha a su espalda una voz de mujer, como surgida del más allá.

—Ramón ¿qué has hecho?

Se vuelve sobresaltado y la visión le aterra: ¡Tras él está Silvia, erguida y majestuosa! Los escasos rayos de sol, ya casi horizontales, dibujan una figura que le parece irreal. Luce una capa oscura que deja entrever un vestido rojo, y los bucles de su larga melena asoman por la capucha que le cubre la cabeza.

Ramón no puede pronunciar palabra, una profunda sensación de terror paraliza su cuerpo. «¡No es posible! ¡Silvia está muerta! ¡Pero es ella!». Nunca hubiera imaginado que los espíritus se pudieran materializar.

—Dios mío, su fantasma viene a por mí! —grita aterrado.

Silvia levanta el brazo y lo señala, acusándolo. Ramón cae de rodillas ante ella cubriéndose el rostro con las manos.

—¡Perdón, Silvia, perdón! ¡Perdón, hermanos! —Comienza a sudar a pesar del frío de la tarde—. ¡No sabía lo que hacía! ¡Eras tan hermosa! ¡Perdí la cabeza, perdí mi dignidad!

Bajo la mirada penetrante de Pepa, Ramón lo confiesa todo y la médium pronuncia su acusación.

—¡Maldito seas en esta vida y en la otra! ¡Has mancillado el honor de todo el grupo, has atentado contra todas las leyes humanas y divinas! La justicia terrenal no ha esclarecido tus crímenes, ¡pero la justicia del más allá, la de nuestros hermanos cuyos espíritus nos acompañan, caerá implacable sobre ti! ¡Tú eres el único responsable de tus actos! Recuerda las palabras del maestro Kardec: «Somos portadores de nuestro cielo y de nuestro infierno». ¡El mal está dentro de ti!

Ya casi no queda luz, el sol se despide y el día toca a su fin. Una ligera brisa levanta del suelo la bruma cada vez más intensa, la luna tinta la escena de un blanco frío y estremecedor dibujando formas extrañas. A Ramón le parece que los espíritus de los difuntos salen de sus tumbas; su corazón le golpea el pecho con tal fuerza que casi le impide respirar.

—¡Tened piedad! ¡Os lo ruego! —exclama.

El veredicto de la asamblea espiritual no tarda.

—¡Te condenamos a cargar con tu culpa, a llevar a cuestas tu propio infierno, que te atormentará hasta la muerte! ¡No tendrás ni un momento de paz!

Ramón observa aterrado cómo el fantasma de Silvia avanza hacia él. Entre sus dedos sostiene un frasco negro que enseguida reconoce.

—Jamás podrás imaginar el dolor que me causaste cuando me arrastraste a la muerte. Nunca podrás redimirte en vida de la treta ruin que acabó con Javier. ¡Bébelo entero y acaba de una vez o vive maldito para siempre! He venido del más allá para que decidas tu destino, ¡tú eres quien elige!

Silvia destapa el frasco y lo pone en manos de Ramón, quien sin pensarlo traga de golpe su contenido.

—¡Perdóname! —dice de rodillas mientras besa los pies de Silvia.

El efecto del veneno alucinógeno no se hace esperar. Aterrorizado, siente a los seres de ultratumba tirar de sus brazos. La imagen de Silvia se yergue entre todos ellos. Pocos minutos después cae sobre la lápida que da entrada al panteón.

Al comprobar que ya no respira, el grupo abandona el cementerio. Nadie los ve. Ya en la calle, Silvia abraza a Pepa y le da las gracias por haber formado parte de su plan para que Ramón pagara por sus actos.

—No hemos hecho más que cumplir con nuestras leyes. Ha sido Ramón quien ha confesado y elegido su castigo —le susurra Pepa al oído.

Tras despedirse de todos, Silvia se pierde entre la penumbra del reciente anochecer blanqueado por la luna. Jamás la volvieron a ver.

Al día siguiente, cuando los funcionarios del cementerio comenzaban su diaria labor de limpieza, encontraron el cuerpo de Ramón, sin vida, tumbado boca abajo sobre la lápida. Paro cardíaco fue lo que dictaminó el forense. La policía hizo averiguaciones y llegó a la conclusión de que su corazón no había podido soportar la fuerte emoción al visitar la tumba de su discípulo más querido.

Ha pasado un año. Como cada semana, el grupo espiritista se reúne en su lugar acostumbrado. Tras la concentración previa de los asistentes y el característico eructo, Pepa entra en trance y el espíritu guía anuncia que un alma condenada está junto a él pidiendo ayuda para encontrar la luz. En vida se llamaba Ramón.

Se citaron en la calle San Agustín, en el
interior del campo santo, justo delante
de la estremecedora escultura que cubre
la tumba del novillero alicantino Ángel
Celdrán Carratalá
Foto: Luis Amat Vidal

Compré todos sus discos y escuché cientos
de veces *Kind of Blue*, *Sketches of Spain* y su
versión de *Porgy and Bess*
Foto: Luis Amat Boluda y Luis Amat Vidal

ADORO A MILES DAVIS

¿Hasta dónde viajaría para estar donde tú estás?
¿Cuánto tardaría en llegar a una estrella desde aquí?
(Miles Davis)

1

Adoro a Miles Davis. Es un dios que penetra en mis sentidos y me transporta a un universo sensorial que solo pueden entender quienes interiorizan la música en su ser más allá de cualquier melomanía. Aquí, en la pared de mi celda, tengo su foto sujeta con chinchetas. Todos los días me habla y me inspira, noto su presencia cuando transcribo a los pentagramas mis sentimientos hechos música. Cada nota y cada acorde me atraviesan, penetran en lo más profundo de mi ser llevándome a un sublime estado de éxtasis capaz de elevarme por encima de mi consciencia. Porque de la trompeta de Miles Davis emana pura magia, sensualidad en grado sumo, neblinas de colores que flotan en el aire y se entremezclan con una armonía indescriptible. Belleza, sensibilidad y fascinación por encima de todos los cánones.

En las horas muertas de la prisión escribo sin parar notas y más notas que antes suenan en mi cabeza. No tengo dificultad para hacerlo, a veces pienso que el maestro, desde el más allá, me dicta la melodía, los acordes y la instrumentación. Su música se filtra a través de mí, pero en realidad soy yo quien la crea, quien se expresa a través de ella y quien la siente. En mis momentos creativos me inhibo del bullicio exterior: no oigo nada, ni los gritos de los carceleros, ni las quejas de las reclusas, nada. Solo el sonido que traslado al papel pautado, compás a compás.

¿Cuántas veces habré visto la película *Miles Ahead*? Me la sé de memoria, frase por frase. Algunas, según la ocasión, las pronuncio en voz alta: «Para contar una historia tienes que echarle ganas, tío». Eso hacía yo, echarle ganas, mezclar las notas en los acordes de *blues* mayor, jugando con el círculo de quintas en diversos pasajes. El pequeño grupo instrumental que habíamos formado en la cárcel de mujeres me permitía experimentar, pero sobre todo improvisar con mi trompeta todas las bases armónicas.

Soy Carla Marín y acabo de cumplir veinticinco años. Hace dos, me internaron en la prisión Wad-Ras, la cárcel de mujeres de Barcelona. ¿Por qué estoy aquí? Voy a empezar por el principio: Mi vida es la música. Nací entre los instrumentos de la banda Santa Cecilia de Castalla, en la que mi padre, dueño de un pequeño restaurante, toca el trombón desde adolescente. Tal como muchos niños, he aprendido desde temprana edad; incluso leía música antes de saber leer y a escribir.

Me cautivaba tanto el sonido de la trompeta que, cuando a los seis años conseguí sacar las primeras notas al instrumento, supe que esa iba a ser mi vida. Comencé a tocarla y a comprender el solfeo en la escuela musical de mi pueblo, y toqué, toqué y toqué horas y más horas que quitaba de mis ratos de ocio, de los descansos de mis estudios, de sacrificar mi vida social con las amigas.

Cuando terminé el bachiller quería ser profesional. Conseguí plaza en el Conservatorio Óscar Esplá de Alicante y allí estuve hasta que terminé el grado superior. Amaba mi instrumento casi más que a mí misma, e incluso me adentré en el mundo de la composición. Me apasionaba Bach, la solemnidad de sus obras cuando en los oratorios y cantatas la trompeta surge majestuosa volando por encima de la orquesta y del coro.

Con un futuro incierto y el propósito de marcharme fuera del país a encontrar lugares donde se promocionara a los músicos más que aquí, me topé con la convocatoria de admisión en la Orquestra Simfònica de Barcelona i Nacional de Catalunya. Fueron meses intensos de preparación para el examen hasta que realicé la prueba y logré entrar como tercera trompeta.

¡Lo había conseguido! En esta difícil carrera que muchos abandonan por no encontrar alicientes ni futuro, yo había logrado formar parte de una orquesta de prestigio. Me sentía orgullosa de mí misma. El esfuerzo había tenido su recompensa. De momento el sueldo no era muy alto, y además había que pasar seis meses de prueba, pero valía la pena.

Alquilé un piso compartido en la calle Aribau, cerca de la casa que Carmen Laforet describe en su novela *Nada*, y, para tener algo más de desahogo económico, encontré un trabajo de camarera en el Harlem Jazz Club de Barcelona. Había escuchado *jazz*, pero nunca en directo y jamás me había detenido a apreciarlo: mi estricta formación clásica me tenía encasillada. Sin embargo, a medida que transcurrían los días notaba cómo esa música me iba calando. Noche tras noche, la compenetración de los grupos, el virtuosismo de los solistas, capaces de llevar la melodía más allá de donde yo pudiera imaginar, y las increíbles improvisaciones, consecuencia de un gran conocimiento, hicieron crecer en mí el deseo de poder llegar a tocar de esa manera tan diferente, tan personal, tan apasionante, tan cerca de una partitura pero a la vez tan lejos.

Quería hacerlo, aunque no me sentía capaz. Lo intenté en mis horas de estudio, pero no lograba apartar a Bach de mi cabeza y de mi trompeta. «¿Por qué este empeño?», me preguntaba, «lo mío son las sinfonías y las cantatas; es en los clásicos donde debo centrarme para dar el gran salto a mi futuro profesional». Aparqué mis deseos jazzísticas, incluso cambié de trabajo para dejar de obsesionarme con esa música y me volqué en la Orquestra, que preparaba una interesante gira de conciertos

2

Fue la tarde del 22 de marzo de hace un año, la recuerdo muy bien. Sonia, mi compañera de piso, violinista de la misma orquesta que yo, trajo a casa el DVD *Miles Ahead* para pasar juntas una noche de sofá y peli.

—¿Y esto? —pregunté extrañada cuando vi la carátula.

—Es sobre Miles Davis —me aclaró—, trata de su faceta más cabrona.

—¡No me digas que has traído una película sobre *jazz*!

—Ya verás cómo te gusta.

—Si tú lo dices… No conozco casi nada de Miles.

—¿No? —se extrañó Sonia—. Era un gran músico, pero, como persona, soberbio y odioso.

—¿Y qué aporta la película?

—Pues aparte de su gran banda sonora, me han dicho que transmite unas enseñanzas musicales imprescindibles. Ya sabes que Miles Davis fue uno de los grandes del siglo XX. Su *jazz* es eterno.

¡*Jazz*! ¡Otra vez *jazz*! Sentí rechazo, pero accedí a verla junto a mi compañera. ¿Qué más daba? La cuestión era compartir un buen rato con cervezas y palomitas. La verdad es que, aunque reacia al principio, la disfruté. Me trasmitió la sensación de que Miles era un ser prepotente, capaz de machacar a quien se le pusiera por delante, pero oírle tocar era entrar en otra dimensión; de su trompeta emanaban notas con una calidez exquisita, los legatos que cantaba su instrumento con una sensibilidad única me calaron muy hondo.

Las frases que Davis pronuncia en *Miles Ahead* se me quedaron grabadas: «Si no tienes nada que decir, no sigas». Y me preguntaba si yo tenía algo que decir con la música. «Un día, de repente, algo hace clic y empiezas a tocar». Debía averiguar dónde tenía oculto ese resorte.

Compré todos sus discos y escuché cientos de veces *Kind of Blue, Sketches of Spain* y su versión de *Porgy and Bess*. Puse en el reproductor de DVD la película una y otra vez hasta aprendérmela de memoria. «Se tarda mucho tiempo en tocar como tú mismo», decía. Yo llevaba tocando desde que tenía uso de razón, pero ¿aportaba algo más allá de leer una partitura correctamente y con la dinámica adecuada? ¿Era yo misma o simplemente una intermediaria para reproducir la música de los clásicos?

Volvía a despertarse en mí el ansia de las semanas anteriores y sentí un potente deseo de tocar esa música con mi trompeta. ¿Cómo podría abrirse camino una mujer en el *jazz*? Comencé a entusiasmarme de nuevo. Estaba como posesa, tanto que llené la pared de fotografías suyas. Lo escuchaba horas enteras, incluso improvisé, como hice después en la cárcel, un altar con la carátula ampliada de *Kind of Blue,* en el que ponía velas, como si de un santo de iglesia se tratara. «He escuchado a todos los clásicos, Chopin era pura improvisación», decía Miles en la película. Y yo los escuché también de nuevo. Mi obsesión crecía y crecía.

—¿Te has dado cuenta de que Bach fue quien inventó el *jazz*? —llegué a asegurar a Sonia totalmente convencida—. ¡Escucha bien los sonidos de trompeta del *Gloria* de la *Misa en si menor,* o la adaptación de la *Partita número 1*! ¡Imagina a Miles Davis tocándola con su estilo! ¿No es puro *jazz*? ¿No lo ves?

—¡Déjate de chorradas, tía! ¡Estás obcecada! El *jazz* está muy bien, me gusta, pero no es para tanto —afirmó Sonia—. ¡Nosotras a lo nuestro, que el sábado tenemos concierto con Bartok en los atriles!

Aquella noche, como todos los martes a las 23 horas, había *jam session* en el Harlem Jazz Club, una reunión en la que los músicos suben al escenario de manera espontánea y se unen para formar un grupo de *jazz* improvisado en el que casi nadie se conoce. Me invadió un fuerte deseo de acudir allí a tocar.

—¡Vamos! —exclamé decidida.

Me puse rápidamente unos vaqueros y una blusa, enfundé mi instrumento y arrastré a Sonia, a regañadientes, conmigo. Alguna vez tenía que ser, si no lo intentaba, nunca aparecería ese «clic» del que hablaba Miles, y, como él también decía, no debía tener miedo a fracasar en el intento: «No le temas a los errores».

Cogimos el metro hasta las inmediaciones del barrio gótico, allí estaba el Harlem. Volvía de nuevo, pero esta vez no a trabajar, sino para intentar ser protagonista de la *jam* en uno de los clubs más emblemáticos de Barcelona, un acogedor establecimiento iluminado por una tenue luz roja, que abrió sus puertas en 1987 y que siempre reúne a los mejores músicos del género. Sonia y yo nos sentamos frente al pequeño escenario en el que estaba actuando el grupo El Chino, un clásico de los martes en el local. A su término tendría lugar la *blues jam session*. Sería mi momento. En mi cabeza, Miles me repetía, como si fuera un mantra, «No tengas miedo, no le temas a los errores».

Llegó la hora. El Chino acabó su actuación y una voz en *off* anunció:

«*Bona nit de nou. Ara, els millors músics de jazz de Barcelona, demostraran tot el que saben fer. Comença la sessió espontània d'improvisació! La jam session del* Harlem Jazz Club!»

Tras los aplausos, subieron tres músicos al escenario: contrabajo, piano y batería, eran la base rítmica sobre la que se iba a desarrollar la sesión. Los instrumentos solistas debían acoplarse al ritmo y a la melodía e improvisar armónicamente con ellos tres de fondo. El local estaba repleto de público, como era habitual los martes.

El batería arrancó con un tres por cuatro, al que se sumó el pianista. Le siguió enseguida el contrabajo dando volumen al sonido. Un saxofonista entrado en años, con el pelo largo totalmente blanco y gafas de sol súper oscuras, subió al escenario en dos zancadas colocándose frente a un micro delante del grupo. Comenzó lanzando sus notas al más puro estilo Dexter Gordon. El piano le dio paso y atacó con una improvisación sobre la melodía de *Blues Walk*, que provocó los aplausos del público.

Me lo estaban poniendo en bandeja: faltaba una trompeta en el escenario para completar el grupo. Hacía rato que tenía el instrumento sobre las rodillas y mis dedos se movían inquietos pulsando los pistones. «¡Ahora o nunca!», pensé, y accedí de un salto al escenario, justo cuando cambió el ritmo a un seis por ocho con la tonalidad de si bemol mayor.

Comencé a tocar los acordes modulando de forma cromática ascendente; el grupo rítmico me seguía y el saxo se acopló a mí. De repente, hubo un golpe de batería y el pianista, asintiendo con la cabeza, me indicó que debía entrar yo sola. Recordé a Miles en la película: «Empiezas con la tercera, luego pasas a la tónica; después, sexta bemol, y luego si mayor. Vuelve a tocarla, esta vez sin el fa sostenido». Y lo puse en práctica. Era la única mujer en el escenario, noté la mirada de atención, no solo del público, sino de los propios músicos. El sonido salía perfecto, limpio, bien afinado. Pero sentí que estaba tocando como en la orquesta, aunque con otro estilo. Aquello me recordaba más a variaciones de un concierto de Telemann que a música de *jazz*.

Fue entonces cuando surgió de la oscuridad de la sala un joven trompetista, alto y delgado como un palo, que irrumpió en el escenario acoplándose con fuerza a mis últimos compases. De su instrumento surgió vida, frescura, espontaneidad, una música envolvente y cautivadora. Yo paré de tocar y me quedé frustrada. ¿Por qué yo no? ¿Qué me falta, Miles? Cuando terminó la pieza, nos saludamos y también al público. Mis compañeros cambiaron de tema, pero yo ya no quería estar allí, me sentía incómoda, hundida, y bajé del escenario con rabia. ¡Tantos años de formación y no era capaz de tocar aquella música! Al llegar a la mesa que ocupábamos en la sala, di un tirón a Sonia del brazo con intención de marcharnos.

—¿Qué haces? —me increpó—. ¡Eres genial tocando! ¡Me has dado una verdadera sorpresa! ¡Sube otra vez y demuestra de lo que eres capaz!

Pero yo estaba convencida de mi fracaso. Nunca me he rendido. Debía trabajar para intentarlo otra vez. Salimos deprisa hacia la parada del metro junto a la catedral. En sus pasillos, un joven trombonista hacía sonar su instrumento con una magia fascinante. Era total naturalidad y puro sentimiento. La guitarrista que lo acompañaba no se quedaba atrás. «Para tocar *blues*, hay que ser *blues*», otra frase de Miles. ¿Sería eso? ¿Me faltaba que fuera yo la música que interpretaba? «Si no tienes nada que decir, no sigas». Yo sabía que tenía mucho que decir, pero debía encontrar la manera. No iba a parar hasta conseguirlo.

3

A pesar de la insistencia de Sonia en que no lo hiciera, dejé la orquesta y solicité permiso al Ayuntamiento para tocar en los túneles del metro. Quizá allí, en contacto con la gente, compartiendo sus alegrías y miserias, lograra mi objetivo: llegar a ser *blues* para tocar *blues*. ¡Quién sabe! podía ocurrir que alguien me descubriera al transitar por allí, tal como cuando, por casualidad, Miles Davis escuchó a John Coltrane y lo lanzó al estrellato.

Pasaba las tardes tocando en el lugar que me habían asignado y no quise volver al Harlem. El mal recuerdo de aquella sesión me tenía bloqueada y me sentía incapaz de subir de nuevo a su escenario. Todas las mañanas estudiaba en casa, tocaba sin parar, incluso comencé a componer. Debía ofrecer una música nueva que proyectara lo mejor de mí. En los ratos muertos cogía la trompeta y me dejaba llevar improvisando sonidos. Sonia, que desde aquella noche en el Harlem se había convertido en mi mejor aliada, copiaba al dictado sobre el papel pautado y dejaba escrita la espontaneidad del momento, reflejo de mi estado de ánimo. Después hacía sonar esa música en el metro a cambio de unas monedas. Poco a poco estaba logrando mi objetivo: aprender. En mis momentos de soledad hablaba mentalmente con Miles y tenía la sensación de que me contestaba, hasta llegaba a escuchar sus consejos. En casa seguía montado su altar, un santuario en el que, alrededor de su foto en la pared, pinchaba las partituras de mis composiciones.

Cuando tocaba en las galerías del metro, unas veces resonaba con fuerza y otras trasmitía lamentos ahogados por la sordina. Ante mí deambulaba gente de todo tipo. Nunca he sido una mujer atractiva, aunque reconozco que tengo mi encanto y que, a pesar de mi indumentaria medio hippie y de mi aspecto intelectual tras estas grandes gafas de pasta, he tenido que soportar las insinuaciones de más de uno proponiéndome sexo a cambio de dinero: «¿Vienes a tocar sólo para mí?». Ser mujer, lamentablemente tiene eso, no te catalogan por lo que eres ni por lo que haces; hay quien solo ve un par de tetas con una trompeta en la boca.

Se me ocurrió que las personas a las que el flujo de mis notas llegaba diariamente podrían ser protagonistas de pequeñas historias que pudiera convertir en *blues*, como aquel ejecutivo cincuentón que andaba deprisa, sin mirarme siquiera, quizá fuera huyendo de su propia miseria de la que no era consciente, y puede que se conformara con un puesto en el que estaba bien considerado a costa de ser el perro fiel de quien pagaba su sueldo, y al que seguramente le esperara en casa una esposa aburrida que no era feliz a su lado, pero que mantenía la relación por comodidad e interés social. Conté su historia en la menor.

Una joven atractiva, que a media tarde esperaba a un hombre que casi le doblaba la edad y se unían en un rincón con un beso apasionado, me inspiró una pieza en mi menor. Daba la impresión de ser una desdichada que buscaba el amor a cualquier precio, de haberse ilusionado con un maduro casado que no dejaría de prometerle lo imposible.

En do mayor imaginaba a ese grupo de personas que salían juntas del trabajo riendo y charlando animadamente, en el que cada una escondía una verdad distinta, desde la más feliz a la más miserable. «Para contar una historia, tienes que echarle ganas», me repetía Miles. Y allí tenía a diario una historia detrás de otra que convertía en música. Mi trompeta improvisaba jugando con las armonías; me sentía feliz, estaba aprendiendo cada vez más de la vida, incluso de mí misma. Día tras día aumentaba mi sensibilidad.

Aunque ya había formado mi propio grupo, no tenía prisa para dar el salto a la primera actuación en público. Eran fantásticos: piano, contrabajo, batería, saxo y trombón. Jóvenes músicos formados en el *jazz*. Había dos mujeres en la banda y, contándome a mí, había conseguido la paridad, algo bastante inusual en este tipo de agrupaciones. Ensayábamos dos veces por semana en un local a las afueras que nos cedía un amigo y, a diario, para contarle mis logros, antes de irme a la cama me quedaba un rato a solas con Miles, quien siempre me contestaba: «Se tarda mucho tiempo en tocar como tú misma».

Todas las tardes, desde la otra esquina del túnel, escuchaba a Pau Fornés, un clarinetista de unos treinta años, habitualmente vestido con vaqueros y camiseta, que se ganaba la vida tocando en el metro y haciendo bolos con un pequeño grupo de *jazz* fusión, como él lo llamaba. Un viernes, ya a la hora máxima permitida, tras recoger la recaudación, limpiar y enfundar el instrumento, vino hasta mí y, lejos de ser original, pronunció la clásica frase:

—¿Tomamos una birra?

Asentí y fuimos a un bareto cercano, poco concurrido. La verdad es que lo pasé bien.

Hicimos amistad, he de confesar que me atraía, y por lo visto yo también a él. Nos presentamos y le hablé de mí. Llegado su turno me confesó que había acabado los estudios de grado medio en el conservatorio de Barcelona, pero no había querido dedicarse a la música como profesional y había encontrado trabajo en McDonalds, aunque una reducción de plantilla diera luego con él de patitas en la calle. Así que tenía que subsistir haciendo lo que mejor sabía: tocar en bodas, en fiestas de pueblos y hasta en el metro, allá donde se presentara.

Era consciente de que tenía muchas aptitudes para el clarinete y una gran capacidad de improvisación, además de interpretar de oído cualquier melodía que escuchara. Nuestra relación era buena y al final de la tarde, tras recoger las monedas esparcidas en las fundas de nuestros instrumentos, creamos el hábito de tomar una cerveza juntos. No hablábamos de otra cosa que no fuera de música. Desde el lugar del túnel del metro donde él estaba ubicado, escuchaba mi trompeta. Se interesaba por todos mis progresos, de los que yo le explicaba con gusto las combinaciones armónicas, llegando incluso a hacer dúos basados en mis composiciones.

Fue inevitable. Una noche que Sonia dormía fuera, acabamos en casa haciendo el amor a la luz de las velas, sobre la alfombra bajo mis partituras pinchadas en la pared y ante la mirada atenta de Miles Davis. De fondo sonaba su disco *Milestones*. Fue una grata experiencia: nuestros cuerpos desnudos y abrazados en la penumbra, con las llamas de las velas oscilando a nuestro alrededor al ritmo de tres por cuatro. Sentirme penetrada siguiendo el compás de la batería y llegar al orgasmo entre jadeos que se mezclaban con los sonidos más agudos de la trompeta me descubrió algo nuevo: el sexo amenizado con la música de Miles Davis es aún más apasionante.

Disfrutamos los dos derrochando pasión y deseo. Quedamos después tumbados en el suelo. Acabó el CD y me levanté para sustituirlo por *Birth of The Cool*. Caí en la cuenta de que en la nevera tenía una botella de cava brut y la descorché entre las risas de ambos. El taponazo dio salida con fuerza a la espuma y no hicieron falta copas, nos lo bebimos a tragos, incluso Pau lo derramó sobre mi cuerpo y estuvo lamiéndolo hasta que yo alcancé una gran cota de placer. Hicimos el amor de nuevo.

Ya era tarde, casi las tres de la madrugada. Después del cava vino el güisqui. Nos sentamos uno junto al otro y charlamos hasta el amanecer. A Pau le encantaba escucharme y yo me sentía muy bien a su lado. Me confesó que cada día le entusiasmaba más mi música. Miraba extasiado mis pentagramas a través del claroscuro de la estancia, incluso tarareaba las melodías al leerlas. Besos, risas, música y alcohol hasta que el sol ya estuvo bien alto. Entonces nos despedimos y quedamos emplazados a primera hora de la tarde en nuestro lugar acostumbrado del metro, para luego tomarnos la cerveza diaria. Estaba segura de que, desde esa noche, me sabría de otra manera. Pero no acudí. Era incapaz casi de moverme. Me atacó una fuerte jaqueca que, sumada al alcohol y al cansancio, mezclados con la sensación de placer que todavía sentía, me obligaron a quedarme en casa. Necesitaba un completo relax. No pude avisar a Pau porque ni siquiera habíamos intercambiado nuestros números de móvil. Ya casi de noche me despertó Sonia, quien, tras contarle todo lo acaecido, con carcajadas, expresiones de alegría y satisfacción me contestó:

—¡Vaya con la mojigata! ¡Te dejo un día sola y mira lo que haces!

A la tarde siguiente, de nuevo en forma, salí con ansia de ver a Pau, segura de que me habría echado de menos. Llegué pronto al túnel del metro, miré al otro extremo y Pau todavía no había llegado. Desenfundé el instrumento y comencé a tocar. Pero pasaba el tiempo, el joven no aparecía. Preocupada, guardé la trompeta y comencé a buscarlo por los alrededores. Pregunté a los empleados del metro y en bares cercanos. Nadie lo había visto desde hacía dos días.

Volví a casa desconcertada, no sabía cómo dar con él. Estaba convencida de que le había ocurrido algo. Su sitio continuaba vacío. No me explicaba el motivo de su desaparición. Desconocía dónde vivía y no sabía si tenía amigos. Sentí un gran vacío y durante una semana acudí al rincón del metro con la esperanza de encontrarlo. Fue en vano. Pensé incluso en ir a la policía. Pero, ¿qué iba a decir? No sabía nada de él, ni siquiera su apellido. Quizá lo hiciera más adelante, puede que estuviera enfermo. Incluso pensé lo peor, ¿y si había tenido un accidente?

Mi incertidumbre abocó en una especie de melancolía a causa de su ausencia tras los sentimientos que se habían despertado en mí aquella noche. Cuando tocaba la trompeta, tanto en el metro como ensayando con el grupo, mi música era un reflejo de Miles Davis en *Générique*, de su álbum *Ascensor para el cadalso*, con una gran carga de melancolía. Sonia, que no era indiferente a mi actitud casi depresiva, varios días después vino a casa al anochecer acompañada por el grupo de músicos de mi banda.

—¡Carla, vístete y vamos a divertirnos por ahí, lo necesitas! —exclamó Sonia dándome un tirón que me puso en pie.

—¿Ahora?

—Sí, ahora. Hemos preparado un plan perfecto y quiero que nos acompañes. Primero a cenar al Ocaña, es un poco caro, pero un día es un día. Y después a escuchar buen *jazz* al Jamboree. Tenemos los dos sitios en la Plaza Real, uno al lado de otro. ¿Qué dices? Sugerente, ¿no?

No podía negarme, sabía que mi amiga había organizado todo eso por mí, para levantarme el ánimo. Tardé poco en maquillarme y arreglarme, me calcé los tacones y salimos a coger el metro. Cuando bajamos al túnel se me hizo más notoria la ausencia de Pau.

El restaurante era agradable y la comida exquisita. Cenamos en un ambiente muy distendido; todos procuraban darme ánimos, y he de confesar que lo consiguieron. Charlamos animadamante de los logros que estábamos consiguiendo y de la ya casi inminente primera actuación en público del grupo en las próximas fiestas de la Mercé.

Aquella noche, como todos los martes a las
23 horas, había *jam session* en el
Harlem Jazz Club

Foto: web Harlem Jazz Club

4

A las once nos plantamos en el Jamboree. Es una gran sala, una de las mejores del país para escuchar buen *jazz* desde que abriera en 1960. Nada más cruzar la puerta se empezó a oír el conjunto que estaba en ese momento en el escenario. Un sonido magistral de clarinete, al que siguió el piano a los pocos compases, marcado por la batería en un cuatro por cuatro. Casi no le presté atención entre mis risas y las de mis acompañantes, ya que, todo sea dicho, nos habíamos pasado con el vino.

El local estaba lleno. Una vez dentro, según nos acompañaba el camarero camino de nuestra mesa, escuché las notas con más claridad y, sin darme cuenta, comencé a tararear la melodía. De súbito, noté una fuerte sacudida, como una descarga que me paralizó. Quedé estática, sin poder reaccionar mientras el sonido de la orquesta me atravesaba como una daga y me abría en canal. Debí quedarme blanca como la pared a juzgar por la expresión de alarma de Sonia y mis amigos. Sólo recuerdo que grité:

—¡Mi música!

En el escenario estaba Pau Fornés con su clarinete tocando una de las composiciones que me había escuchado tocar en el metro y que había leído en los pentagramas de mi casa. ¡El muy cabrón solo quería eso, robarme mi música y hacerla suya! Sentí frustración y engaño, me vinieron a la cabeza sus frases amorosas, la noche que pasamos juntos, las cervezas en el metro y mi principio de enamoramiento hacia él.

—¡Será hijo de puta! ¡Cómo he podido ser tan ingenua! ¡Meses y meses de trabajo para que un mediocre se adueñe de mi creación!

Una incontrolable rabia me dominó. En mi cabeza resonaba la voz de Miles Davis, pero no comprendía lo que me estaba diciendo. No supe qué hacer hasta que alcancé a entender con claridad lo que el maestro me susurraba al oído: una palabra que yo grité con todas mis fuerzas:

—¡Mátalo!

Totalmente fuera de control, robé un cuchillo de una de las mesas ante la mirada atónita de una pareja que acababa de partir un pastel y avancé como loca hacia el escenario tras conseguir zafarme de mis acompañantes, que intentaron sujetarme sin lograrlo. Llegué ante Pau, que paró de tocar mirándome con estupor. Solo dijo: «¡Carla!», porque antes de que reaccionara me había abalanzado sobre él blandiendo el cuchillo en dirección a su pecho. El pianista, que se había levantado al verme llegar, consiguió tirarme del brazo y desviar el golpe mortal hasta el hombro derecho de Pau.

Se creó un revuelo espectacular: la gente gritaba, Pau intentaba taponarse la herida, que sangraba con profusión. Entré en un estado de *shock* cuando me contuvieron, solo recuerdo a Sonia gritándome:

—¿Qué has hecho, Carla? ¿Qué has hecho?

Poco tardó en llegar la policía, que me esposó y me condujo al coche patrulla aparcado a la puerta, sobre la acera. De camino a la comisaría no paré de repetir:

—¡Deténganlo a él! ¡Me ha robado mi música!

Fui condenada a cinco años por intento de homicidio, aunque con la condicional, supongo que en menos de tres estaré en la calle.

Quizás el destino hizo que Pau se cruzara en mi vida para que llegara a ser yo misma, porque aquí entre rejas, estoy haciendo más música que nunca. Ha sido una suerte encontrar algunas reclusas que tocan instrumentos, con quienes he montado una banda. Como mi trompeta no paraba, me propuse orquestar las composiciones que interpretaba sola en el túnel del metro; el grupo me ha servido para perfeccionar mi música y hasta para crear nuevas piezas.

Tras varios meses de ensayos, conseguí permiso para grabar una maqueta en el presidio a cambio de dar varios conciertos aquí, lo que aprovechó el alcaide para ponerse una medalla en eso que llaman reinserción social. Estoy muy contenta con el resultado. Los instrumentos suenan perfectos y cuando aparece mi trompeta solista, crean una perfecta atmósfera rítmica envolvente.

Después de enviar la prueba a varias discográficas, solo quedaba esperar. A los tres meses, recibí carta de Blues Asteroid Records, un referente de grabación *jazzística* en España. Marché hacia mi celda y, nerviosa, me senté en el camastro dispuesta a abrir el sobre y, al desplegar la hoja interior, leí:

Señora Carla Marín Irles:

Recibimos su maqueta el pasado 30 de mayo.

Lamentamos comunicarle que no podemos aceptarla porque su música es un plagio de las composiciones de Pau Fornés Munuera, quien acaba de grabar un CD en este mismo sello discográfico.

Por tanto, siguiendo la petición del compositor y de la propia discográfica, le notificamos que hemos realizado la correspondiente denuncia al Juzgado número 2 de Barcelona, por atentar contra la Ley de Propiedad Intelectual, citación que usted recibirá en cuanto haya sido admitida a trámite.

Saludos cordiales.

—¡Dios! ¿Pero qué es esto? —grité poniéndome en pie, arrojando la carta al suelo. Histérica, mis alaridos resonaron por toda la galería hasta que varias funcionarias entraron en mi celda para llevarme a la enfermería, al borde del infarto.

Tardé en recuperarme. A los pocos días me puse en contacto con Sonia y mi grupo. Debía demostrar que era justamente lo contrario. Tenía que sacar a la luz mis partituras, aquellas clavadas en la pared junto al altar de Miles Davis. Mi amiga las había quitado porque tenía una nueva compañera de piso, pero las guardaba en un cajón. Había que contraatacar, defenderse, acreditar que el plagiador era Pau y no yo. La papeleta era bien complicada para mí, pues ya se sabe que en los juzgados todo está en manos de la pericia de los abogados y en el criterio personal de los jueces. Supuse que la compañía discográfica contaría con buenos letrados, cosa que yo no podía pagarme. Sin embargo, Sonia y mi grupo se ofrecieron a echarme una mano y ayudarme económicamente en el proceso.

Estamos a la espera de que comience el juicio. El

resultado es incierto. Por una parte, una reclusa condenada por intento de homicidio y, por la otra, un músico al que avala una casa discográfica famosa. Un panorama no muy alentador.

Decía Miles que todo es *blues*, y en la cárcel, todavía lo es más. He de ganar el pleito contra Pau Fornés a toda costa, necesito que mi nombre suene entre lo más destacado del *jazz* y, cuando por fin salga de aquí, debería estar a la altura de los grandes. Pero lo tengo muy difícil.

Adoro a Miles Davis. Él decía: «Cuando estás creando algo tuyo, ni el cielo te limita».

Se equivocaba. El límite es la mediocridad ajena.

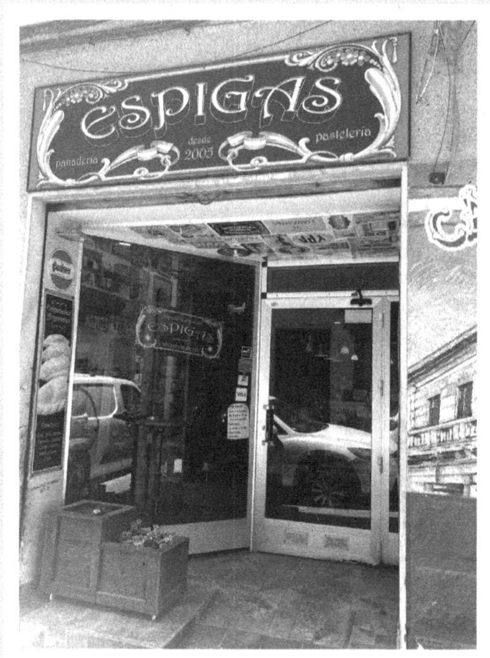

Me explicó que él llamaba la
Argentina a la cafetería Espigas,
ubicada cerca del mercado central,
cuyos dueños eran de aquel país
Foto. Luis Amat Vidal

CONFESIONES EN LA ARGENTINA

Lo que hemos hecho, su resultado, viene a nosotros
ya sea hoy, mañana, cien años más tarde o cien vidas más
tarde, sea cuando sea. Y eso es nuestro karma.
(Maharishi Mahesh Yogi)

A quien me inspiró.
In memoriam.

1

Hoy querría escribir un relato, pero las musas no han venido. Tal vez la lejanía de la persona a la que sigo queriendo sea la causa. Estoy sentado en el banco del parque de siempre desde las cinco de la tarde y ya son las ocho. Solo los locos solitarios como yo seguimos aquí a estas horas, porque en casa el calor es agobiante y no me apetece estar junto a la desquiciada de mi hermana. Necesito compañía más que nunca, hablar con la gente, contarle cómo me encuentro. Ni siquiera Jesús me escucha, creo que se ha cansado de mí, noto como si no estuviera conmigo o incluso como si nunca hubiese estado. Toda la vida creyendo en Él y ahora tengo mis dudas. Es hora de irse, solo me reconforta soñar que vuelvo a estar con Julia. Pero sé que nunca la volveré a tener. Hay trenes que no llegan a tiempo y otros que se escapan. Y yo los veo pasar sin saber qué hacer, sentado en un banco.

Era ya bastante tarde cuando, como cada noche antes de irme a la cama, repasaba en mi móvil las publicaciones de *Facebook*. Una foto en blanco y negro, en la que aparecía proyectada sobre el suelo la sombra de una persona sentada en un parque, despertó mi curiosidad. Su postura encorvada y cabizbaja se reflejaba recortada en una baldosa blanca; el claroscuro trasmitía pesadumbre. La imagen de su perfil personal, también en blanco y negro, no me desveló la identidad del titular: era Charlie Chaplin de espaldas, frente al mar. Como nombre, solo aparecía Pablo. La primera frase del *post* me impulsó a seguir leyendo, y encontré el grito de un ser desesperado, de un alma sola y abandonada que clamaba compañía. ¿Quién sería ese Pablo? Busqué en su álbum de la red social, pero no había ninguna imagen suya, todo eran fotos que supuraban tristeza.

> El cinco de julio cierran el barecito donde solo consumo un café a la semana, pero cada día me dejan usar el baño, me dan un vaso de agua y conversan conmigo. ¿Adónde voy a ir ahora? Para mí ese bar significa mucho, es mi pequeño jardín, mi rinconcito. Hoy quiero sonreír, pero no tengo dónde, ni por qué, ni con quién.

Desplacé con el dedo las imágenes y frases, producto de un ser claramente deprimido. Lo que más me llamó la atención fue que casi nadie respondía a sus mensajes: algunos «me gusta» y punto. El sueño me vencía y dejé mi iPhone sobre la mesita de noche. Apagué la luz, pero tardé algo en dormirme, tenía presente esa imagen negra reflejada sobre un suelo luminoso, esas palabras de abatimiento, esa hermana loca, y sobre todo el amor perdido que añoraba. ¿Quién estaba detrás de tanta angustia?

A las siete de la mañana, la música de Mahler que tengo programada en mi despertador sonó, como cada día, y me dispuse a rematar trabajos inacabados para clientes que esperaban lanzar sus campañas de publicidad. Pero antes me picó la curiosidad y busqué a Pablo en mi móvil. No había publicado nada nuevo. Me pregunté qué sería de él y lo que estaría haciendo en esa casa agobiante que describía. Bajé al garaje, arranqué mi Volvo y emprendí la marcha. Varias reuniones me tendrían ocupado todo el día. En el camino a la agencia, a través de la ventanilla del coche, vi a algunas personas con la mirada perdida, sentadas solas en bancos de la vía pública. Quizá sería Pablo alguna de ellas. Lo cierto es que si era el autor de las imágenes que publicaba en su muro, no cabía duda de que se trataba de un buen fotógrafo.

Terminé la jornada cansado pero satisfecho; la campaña había sido aceptada y eso significaba, además de unos buenos ingresos, un nuevo logro profesional. Tras llegar a casa, cambiarme de ropa y tirarme a plomo en el sofá, lo primero que hice fue repasar las noticias de *Facebook*. Eran casi todas auténticas tonterías irrelevantes y discusiones absurdas, pero entre ellas encontré algún enlace a publicaciones que me gusta leer y comentar. Al desplazar el contenido de la pantalla, encontré una nueva entrada de Pablo:

Mil días desde que caí enfermo de este puto cáncer. Mil días buscando estar con alguien para charlar, dar un paseo por la playa, ver el mar, sentarme en la orilla. Tantos fines de semana limitándome a deambular por las calles desiertas… ¿Qué otra actitud podría tener? Me había prometido no escribir más, pero hoy estoy hundido, harto y cansado, y necesito desahogarme. He sido el tonto al que la vida ha empujado a ser como soy. Mil días en el infierno solitario. Dormir para despertar cada mañana y toparme de bruces con esta realidad. Ya no tengo fuerzas. Quiero dormir para no despertar jamás.

Tanta desesperanza me conmovió. Quería mantenerme al margen, pero no pude. Mi conciencia me pedía contestarle, y le escribí un mensaje privado:

Buenas noches, Pablo. Perdona mi atrevimiento. Leo todo lo que publicas y no me es indiferente. Intuyo que tienes muchas razones para estar desesperado, pero ninguna para no seguir viviendo. Veo que eres creyente, por eso puedo decirte en tu lenguaje que la vida es lo más hermoso que Dios nos ha dado. Si no tienes inconveniente, me gustaría verte, hablar contigo, darte un poco de esa compañía que tanto deseas y de la que ignoro por qué careces. No sabes quién soy, pero dime dónde puedo encontrarte y cómo podré reconocerte; me da igual el día y la hora.

Me quedé con la mirada fija en el móvil esperando una respuesta que no tardó:

«Muchas gracias por tu interés, si quieres nos vemos mañana a las cinco en la Argentina. Y no te preocupes por cómo identificarme. Tú y yo nos conocemos».

Me sorprendió la última frase, ¿nos conocemos? Le pregunté quién era, pero no quiso desvelarlo, dijo que esperara al día siguiente para descubrirlo. Me explicó que él llamaba la Argentina a la cafetería Espigas, ubicada cerca del Mercado Central, cuyos dueños eran de Buenos Aires.

La verdad es que pasé el día bastante intrigado. ¿Quién podría ser el tal Pablo? Llegué a Espigas cuando faltaban diez minutos para las cinco. No había tenido dificultad para localizar el sitio. Era un local acogedor, con las paredes llenas de placas metálicas y carteles, al puro estilo de un cafetín porteño. Desde la entrada hacia el interior se extendía un mostrador repleto de pastas y dulces típicos de allí. Al fondo del establecimiento se ensanchaba el espacio, dando cabida a varias mesas redondas con sillas rústicas de madera a su alrededor. Pablo no había llegado. Pedí un cortado acompañado por una pieza de repostería rellena con dulce de leche, buena pero empalagosa. Saqué el móvil y comencé a repasar los correos recibidos.

—Hola, Alfonso.

Levanté la vista y lo vi a contraluz. Vacilé un instante, traté de asociar la imagen con algún rostro conocido.

—¿No te acuerdas de mí?

Tenía delante a un hombre grueso, casi calvo, con surcos muy marcados en la cara. Tuve que retroceder en el tiempo para que ese sesentón se trasformara en alguien que me resultara familiar. Conseguí identificarlo por su tono de voz y me levanté de un salto.

—¡Pablo! ¡Pablo Castro Ochoa! ¡Eres tú!

Allí estaba uno de los más quisquillosos compañeros del instituto, al que no había visto desde hacía casi treinta años, del que había perdido completamente la pista tras su traumática separación matrimonial con nuestra común amiga Julia, en la que yo había tenido algo que ver. Pablo Castro era el típico gruñón que se quejaba de todo, casi nada le parecía bien: si le servían la sopa fría, debía estar caliente, y si se la servían caliente, entonces quemaba. Tras el instituto no había seguido estudiando y se colocó de administrativo en una oficina. Su notoria inmadurez le hacía buscar muchos contactos personales, tanto es así que se introdujo en diversos colectivos festeros de la ciudad desde los que lograría relacionarse con algunas altas esferas municipales.

Sus fuertes creencias religiosas le impulsaron a participar activamente en la Semana Santa alicantina. Se casó muy enamorado, pero su mujer lo dejó al poco tiempo: sus constantes salidas con los grupos de allegados y su carácter pueril e inconformista fueron minando la relación hasta que Julia acabó en la cama conmigo el día que vino a contarme lo mal que le iba el matrimonio. Me buscaba como paño de lágrimas, nos dejamos llevar y encontró lo que con Pablo no tenía. He de reconocer que yo le di pie; Julia siempre me ha gustado y la tenía ante mí, necesitada de cariño… ¡Vaya si lo necesitaba! Hicimos el amor con ansia: ella se desinhibió completamente y me regaló una pasión que jamás habría sospechado; yo, aprobé una asignatura pendiente con nota y, encima, ella me dio las gracias.

Aquello fue suficiente para que se decidiera a abandonar a su marido. Julia le confesó su infidelidad para hacerle reaccionar. Él no la creyó hasta que mi nombre salió escupido por su despecho. Pablo vino a buscarme y llegamos a las manos. Tuvieron que separarnos antes de que uno de los dos saliera mal parado; parecía una escena digna del romanticismo decimonónico, pero sin espadas ni pistolas con las que batirse. Ese fue el detonante para que yo no siguiera viéndola.

Meses más tarde Julia se lió con su jefe y con él sigue felizmente casada. Supongo que tendrá hijos mayores, incluso puede que ya sea abuela. Supe por boca de conocidos comunes que Pablo había caído en una fuerte depresión, lo que le hizo perder el trabajo y marcharse a vivir junto a sus padres y hermana en un barrio alejado del centro de la ciudad. Uno de sus conocidos, concejal del Ayuntamiento, le haría un favor colocándolo como jardinero municipal mediante un contrato temporal que renovaba anualmente. Ahora, después de tantos años y de aquella riña por una mujer, lo tenía delante hecho una piltrafa. Me dio mucha pena.

—¡Qué sorpresa cuándo leí tu mensaje! —me dijo visiblemente emocionado—. Nunca habría pensado que fueras tú quien mostrara interés por mí, y has venido a través de una cita a ciegas, sólo por el deseo de ayudar a alguien que lo necesita. No imaginaba que volvería a encontrarte después de tantos años y de lo que pasó entre nosotros. Y aquí estás. ¡Tengo muchas cosas que contarte!

Fue extremadamente amable, estaba claro que la necesidad de amistad pesaba más que su despecho. Había pasado página a pesar de que fuera yo el catalizador de su ruptura matrimonial. Pidió un cortado y otro pastel como el mío. En la calle hacía calor, era un final de junio bastante tórrido, pero allí dentro se estaba bien bajo los ventiladores que colgaban del techo.

El lugar era tranquilo, muy propicio para conversar, aunque de entrada no supiera muy bien qué decirle. Pablo comenzó a desvelarme por qué había llegado a tal estado. Tras morir sus padres casi cinco años antes, lo primero que había hecho era vender el piso del barrio alejado en el que vivían, pagar el resto de la hipoteca (que no era poco) y alquilar junto a su hermana una vivienda céntrica.

—Tú sabes, Alfonso, que yo he sido persona de relaciones, de ir a sitios acompañado, de la cervecita en los bares con amiguetes; por eso allí, lejos de todo, me ahogaba y me vine a vivir al cogollito de la ciudad. Ese fue mi primer error. Al cambiar el color político del gobierno municipal, mi benefactor no pudo renovarme el contrato; como, además, mi hermana también perdió el trabajo, tuvimos que mudarnos al piso donde ahora vivimos, un agujero inmundo, inhabitable.

Carmina, la hermana menor de Pablo, ya era de pequeña una niña muy dominante. Cuando aparecía entre nuestro grupo de compañeros le gustaba hacerse notar y tener más razón que nadie, pero aún así nos hacía gracia por su manera de expresarse siendo tan canija. Estudió psicología, aunque nunca pudo desempeñar su profesión. A Pablo le profesaba una adoración especial, pero cuando su hermano se casó, no le perdonó que la abandonara. Al enterarse de mi *affaire* con Julia, vino a buscarme totalmente histérica, puede que en medio de su primera crisis de ansiedad. Me costó calmarla y hacerle comprender que el matrimonio de su hermano estaba ya muerto desde hacía tiempo.

—¿Qué se puede esperar de esa cabeza loca? —exclamó Pablo— ¡Así de mal ha acabado y así tengo que soportarla!

Ya empezaba a ser él: a quejarse, a no estar satisfecho con nada ni con nadie. Pero esta vez intuí que había bastante razón en sus palabras. Según continuaba hablando, se confirmaban mis sospechas de que buscaba a alguien con quien desahogarse.

—Mi hermana y yo subsistíamos con el poco paro que nos quedó; ahora ni eso, solo tenemos cuatrocientos euros para pasar el mes tras descontar los trescientos que cuesta el alquiler. No puedo con ella, me desquicia. Me pide dinero para caprichos y me amenaza, hasta ha llegado a pegarme. Pero es mi hermana y me preocupa. Ya hace tiempo que empecé a perder amigos, no podía ir con ellos de juerga a ningún sitio; sentía arrepentimiento constante por haber vendido el piso, me carcomía el recuerdo de Julia, que no me abandonó por tu culpa, sino por la mía, pues no le di el cariño ni le dediqué el tiempo que necesitaba. Todo eso me ha convertido en un solitario.

«No por tu culpa, sino por la mía», esas palabras de Pablo me descolocaron. No me guardaba rencor a pesar de haber sido el detonante de su ruptura matrimonial, eso aliviaba el peso de mi conciencia.

—Todos los días, para mí tan largos y ociosos, salía de mi casa —continuó— porque cada vez le tenía más manía a esas cuatro paredes donde ahora vivo, las asociaba al principal motivo de mi error, y me sentaba a ver pasar las horas en un banco del parque cercano. Cuanto menos hacía, menos me apetecía hacer; no tenía ganas ni de buscar trabajo ni de nada, y la inactividad me iba hundiendo en la depresión. Una mañana se acercó a mí una gitana de unos cuarenta años. Gruesa y vestida de negro, permaneció unos minutos a mi lado sin mediar palabra hasta que me señaló con su dedo: «Ahí tienes un mal que acabará contigo». Y antes de que yo reaccionara, se marchó. A los dos meses me diagnosticaron cáncer de colon.

Juró por lo más sagrado que no me engañaba. Necesitaba hablar. Más de dos horas duró el monólogo. Al despedirnos acordamos que nos veríamos esporádicamente en el mismo sitio. Lo cierto es que me sentía en deuda con él: cuando tuve aquel encuentro sexual con Julia no podía suponer que fuera a motivar que lo dejara; por eso ahora, como desagravio, lo ayudaría en la medida de lo posible. ¿Qué menos podía hacer después de haberme perdonado?

—Serán nuestras confesiones en la Argentina —me dijo.

Esa noche Pablo escribió en *Facebook*: «Eres muy grande, Alfonso. Jamás podré agradecerte lo que me has ayudado. Espero tener muchas tardes como la de hoy en un lugar acogedor, pero sobre todo con tu compañía. Momentos fugaces para olvidar por unas horas las torturas de días enteros. Gracias, has sido como un hermano mayor».

¡Joder! «eres muy grande», y eso que había sido el principal motivo de su separación. ¡Cómo había cambiado! Me compadeció su precaria situación tal como me la relataba, así que ordené abonos periódicos de pequeñas cantidades en su cuenta para ayudarle a subsistir.

Cada semana me narraba desgracias mayores: su hermana había llegado a tal extremo de dominación que la convivencia con ella le resultaba insoportable. Los gritos, chantajes y extorsiones eran constantes, todo consecuencia de una esquizofrenia cada vez más acusada. Pablo estaba convencido de que Carmina adoptaba el papel de acosadora, hasta el punto de convertirlo en víctima y hacerle sentir como un completo inútil. Su hermana no era consciente de la realidad y gastaba en caprichos un dinero que muchas veces no les llegaba ni para comer.

A causa de sus crisis había intentando suicidarse más de una vez. El psicoterapeuta al que Pablo acudiera durante un tiempo le aconsejaba liberarse de ese yugo para encontrar la paz; sin embargo, nunca se atrevió a apartarse de su lado. Por una parte, a causa de su debilidad de carácter unida a lo avanzado de su enfermedad; por otra, porque su conciencia no le dejaba abandonarla a su suerte, y la decisiva, porque su precariedad económica no se lo permitía.

—¿Por qué no la traes una tarde? —le propuse casi sin pensarlo—. Me gustaría verla, supongo que también me habrá perdonado, ¿no crees?

Hizo como si no hubiera escuchado la pregunta. Siguió a la suya, hablando de los dolores cada vez más insoportables. Le habían operado tres veces para acabar al final en una colostomía, con la incomodidad que representa para una adecuada calidad de vida.

Decía que, aparte de Carmina, no tenía familia, solo una prima que le llevaba comida de vez en cuando y que ni siquiera le invitaba a su casa por Navidad. Juro que cada vez que volvía de la Argentina tenía que sacudirme en mi casa la negatividad que me había vomitado, pero vernos de vez en cuando era vital para él y, ¿por qué no decirlo?, en cierto modo también para mí, porque necesitaba quedar en paz conmigo mismo. Semana tras semana, según iba escuchando a Pablo, estaba más convencido de que una especie de karma había creado la cadena de sus desdichas.

A la siguiente cita Carmina acudió con su hermano. Me abrazó llorando pero más que de satisfacción, su sollozo era de pena. Estaba flaca, con unas ojeras profundas e iba vestida con descuido. Le dije que me alegraba de volver a verla, era cierto, y le pregunté cómo estaba.

—Supongo que ya te ha contado Pablo, vamos tirando, no nos podemos quejar.

Carmina me confesó a continuación que estaba muy mal en el piso y que buscaba otro mejor, había visto uno por el que pedían ochocientos euros al mes, pero su hermano le impedía alquilarlo. ¡Ochocientos euros! ¿De dónde los iba a sacar?

—Pablo es un egoísta, ¡estoy harta!, ¡no me da para casi nada y yo tengo muchos gastos!

—Carmina, ¿ya estás otra vez? —replicó Pablo con tono de reproche—. Sabes que no tenemos dinero, ¿qué me estás diciendo?

—¡Mentiroso! —le gritó—. ¡Lo quieres todo para ti! Te escudas siempre en tu enfermedad para que te compadezca y me dejas siempre tirada. ¡Soy tu hermana, no merezco que me trates así!

No fue difícil darme cuenta del conflicto interior de Carmina. Vivía una realidad paralela sin ser consciente de su delicada situación, quizá su mente se había quedado anclada en las épocas felices del pasado. Ante los gritos de ella, Pablo contestó muy sumiso:

—¡Tranquilízate, por favor!

Estaba claro quién dominaba a quién. Intuí que, a causa de la muerte de sus padres, habían crecido en ella ciertos trastornos psicopatológicos complicados que iban acrecentándose con el tiempo. El duelo, inhibido, habría creado sentimientos ambivalentes no percibidos, impidiendo que se adaptara a la nueva situación. En realidad, era una pobre mujer que escondía su fondo noble tras una armadura que la protegía; su desesperación era tal que yo no sabía cómo tenía fuerzas para seguir adelante.

Si Pablo era digno de compasión por su enfermedad terminal, Carmina no se quedaba atrás: una persona en el pasado llena de vida, y ahora tan deteriorada. Me bastó estar un rato con los dos juntos para comprobar la tirante relación entre ambos y el notorio paternalismo de ella. Lo peor es que estaban solos, completamente solos.

2

—Me he enterado de que, a pesar de lo que ocurrió entre Julia y tú, estás ayudando a Pablo, lo he leído en *Facebook* —me increpó un conocido común con quien me crucé en la calle.

—Así es —le respondí—, aquello pasó. Pero no es de recibo que todos le hayáis dado la espalda. ¿Dónde están esos amigos de los que tanto presumía? Lo habéis dejado tirado. ¿Y los compañeros de la hermandad? Peor aún, mucho rezar y golpes de pecho, pero nadie acude a su llamada.

—¿No te has preguntado por qué? Estamos hartos de sus continuas quejas. Nos exige que le llamemos, que estemos con él, y eso crea rechazo. ¿Te ha contado lo de la bruja? ¡Menuda fantasía! Seguro que no está tan enfermo, pero ya sabes cómo es.

Me asombró tal declaración, ¿quizá me estaba mintiendo Pablo? Si lo que acababa de escuchar era cierto, ¿había caído en su trampa? Esa misma noche, bastante desconcertado, leí una nueva publicación en *Facebook*:

«Los límites se han rebasado y ya no puedo resistir tanta hipocresía. Mi vida está llegando a su fin. Lo sé. He aguantado hasta el agotamiento. Esta pena no me deja vivir, me es imposible. La maldición se está cumpliendo tal como aquella bruja predijo. Ya solo quiero dormir. Más que nunca. Dormir».

No cuadraban esas frases con lo que me habían asegurado en la calle. Hice averiguaciones, puse el nombre de Pablo Castro Ochoa en Google y me saltó el enlace de una emisora ecuatoriana de radio que se dedicaba a ayudar al prójimo por medio de la oración. Escuché varios *podcasts* en los que se hacía un llamamiento por Pablo con varias intervenciones de oyentes concienciando de la necesidad de apoyo y con llamadas telefónicas de personas indignadas por la falta de empatía y caridad de sus allegados. Uno de esos programas duraba más de una hora, todo dedicado a él, contando su enfermedad, sus desdichas, su soledad y los problemas con su hermana. Esas grabaciones estaban hechas hacía dos años. ¿Qué quería conseguir sabiendo que nadie de Alicante iba a escuchar esos programas? ¿Estaba tan enfermo como decía o solo deseaba llamar la atención?

Contacté con personas de sus círculos allegados. Sabían de su situación: unas se compadecían, otras coincidían en que su soledad se la había ganado a pulso. Me turbaron las palabras de una amiga, asistente social, a la que solicité que hablara con él para ofrecerle algún tipo de ayuda:

—Alfonso, yo ya paso de Pablo. Lo he intentado todo, pero él no colabora, parece que quiera hundirse en su propia mierda y que le guste estar así para que lo compadezcan.

En su muro de *Facebook* leía poco después: «Todo lo que me enseñaron en la Iglesia es mentira, todo». ¡Brutal! Nunca hubiera sospechado, dada su religiosidad, ese descreimiento hacia las agrupaciones católicas que frecuentaba. Pablo me repetía muchas veces en la Argentina que si pudiera dar marcha atrás no volvería a caer en los errores que provocaron la infidelidad de Julia. Añoraba la familia que nunca tuvo, lamentaba no poder experimentar el sentimiento de ser padre. En muchos de sus mensajes hacía referencias a ella: «la persona que sigo queriendo y que nunca volveré a tener». No había dudas de que Pablo estaba enfermo, pero yo desconocía hasta qué punto. Además de las secuelas de la colostomía, se quejaba de fuertes dolores de cabeza que aumentaban por días. Quizá pretendía con su actitud que todo esto llegara a oídos de Julia y se compadeciera, que incluso lo dejara todo para volver con él y cuidarlo. ¡Iluso! Estaba consiguiendo todo lo contrario, se arrastraba hacia el abismo y estaba a punto de caer en él.

Me sinceré, le dije lo que me habían asegurado en la calle, y que dudaba de que estuviera diciendo la verdad sobre su estado de salud. En la siguiente cita, sin mediar palabra, me colocó sobre la mesa un informe de oncología del hospital. Allí estaba todo, su diagnóstico, sus operaciones, el grado de avance de la enfermedad. El último párrafo era demoledor: «glioblastoma de grado IV que no admite cirugía».

—¿Qué es eso? —le pregunté—.

—Cáncer en el cerebro, el melanoma se ha extendido hasta allí, dicen que me queda menos de un año de vida.

No me había mentido, su forma de ser le había ganado la incredulidad de sus amigos y nadie deseaba ser el pañuelo de sus desgracias. Ahora no me cabía duda de que se estaba muriendo y nadie lo creía. Sentí mucha rabia y pena al mismo tiempo.

Me hice con el número de teléfono de Julia, tuve que respirar hondo antes de decidirme a llamarla. Nunca la había olvidado del todo, reconozco que me había dejado huella. Se sorprendió al oírme, estoy seguro de que le traje recuerdos de esos encuentros de puro sexo que harían cambiar su vida. Nos saludamos amablemente, con mucho tacto, y yo le dije el motivo de mi llamada.

—De verdad, Alfonso, lo siento mucho, pero no voy a hacer nada. Sé que ahora, después de mucho tiempo, Pablo me nombra y me añora, pero no voy a acudir a él, solo serviría para despertar una época nefasta de mi vida que me costó superar y que he olvidado. Llegué a no soportarlo.

Le expliqué que le quedaba poca vida, pero le dio igual. No revivir esos años estaba por encima de atender, siquiera una sola vez, la llamada de alguien con quien compartiera un periodo de amor, aunque breve. La conversación con Julia me causó una de las sensaciones más decepcionantes que haya experimentado.

Aún así, en un intento desesperado por lograr de sus círculos afines un mínimo atisbo de compasión, monté un grupo de *Facebook* en el que explicaba con detalle la delicada situación de Pablo. Se unieron bastantes personas que escribían frases de solidaridad, algunas con un simple «hola, ¿cómo estás?», otras con la frase hecha de «aquí me tienes para lo que quieras». Harto de tanta hipocresía redacté un mensaje muy duro y cerré el grupo. Las personas que lo formaban me habían mostrado el lado ruin de la condición humana.

Seguimos viajando a la Argentina y hasta conseguí liberar algo su mente haciéndole volar sobre la amplia Pampa con la ayuda del pibe que nos atendía, al que yo le arrancaba alguna conversación de elogios hacia su tierra tras servirnos los pastelitos de dulce de leche que nos acompañaban cada semana. Había pactado con Pablo concederle solo los primeros diez minutos de nuestras citas para sus quejas, después hablaríamos de buenos recuerdos, del tiempo y hasta de política, sabiendo que éramos de distintas ideologías. Pretendía distraerlo. Lo cierto es que poco a poco conseguí que dejara de escribir mensajes negativos. De vez en cuando paseábamos e incluso yo llamaba a algún amigo para que charláramos juntos.

Pablo dormía apenas cuatro horas, se levantaba cuando la asistente social, que le habían facilitado bajo manga, le limpiaba la casa y le cambiaba el pañal; después salía camino de su banco del parque y allí sentado pasaba las horas muertas hasta el mediodía, cuando iba a comprar dos menús en un establecimiento de comida preparada. Por la tarde de nuevo al banco, y al anochecer a casa. No leía, no escuchaba música, no hacía nada más que lamerse sus heridas.

—Alfonso, cada noche pido perdón a Dios por haber dejado de creer en Él —me expresaba su arrepentimiento por todas las equivocaciones que había cometido y su miedo a morir solo.

Cuanto más ahondaba en su espíritu, más crecía en mí una fuerte sensación de rabia por el egoísmo humano, el desprecio al prójimo, la falta de empatía hacia alguien que va a morir y que solo pide un poco de cariño. Rabia, sí, porque por encima de su actitud, en estos momentos lo que más necesitaba era una mano amiga, compartir un café, recibir un «buenas noches», pasear junto al mar en compañía, que le preguntaran cómo estaba y que llegaran a comprenderlo. Pero nadie acudía a su llamada.

Era un local acogedor, con las paredes llenas de
placas metálicas y carteles, al puro estilo
de un cafetín porteño
Foto: web Espigas

3

La tarde de nuestra cita siguiente amaneció lluviosa. Se despedía el verano con amenaza de gota fría, lo que en Alicante es normal en esas fechas. Acudí puntual a la Argentina, Pablo no había llegado. Pedí el cortado y el pastel de siempre y abrí el libro que llevaba conmigo, *Cien años de soledad*, que era una de mis asignaturas pendientes y por fin me había decidido a leer. Embelesado bajo la lluvia de Macondo, así como con la que caía fuera del local, no me percaté del paso del tiempo. ¡Más de media hora! Telefoneé a Pablo, pero no contestó. Llamé a Carmina, y tampoco. Desde la tarde anterior no había mirado su muro de *Facebook*, así que lo revisé por si encontraba alguna pista. Nada nuevo.

Abrí el paraguas y me encaminé hacia su banco del parque. No estaba allí. Fui a localizar su casa en el tramo de calle donde me había explicado que se ubicaba (nunca me había invitado y, aunque lo hubiera hecho, no hubiese ido; con lo inhabitable y desastrosa que me la vendía, podía rebasar mi límite). Sin embargo necesitaba encontrarlo y, por su silencio, intuía que algo le pasaba. Pregunté en una tienda. Me indicaron que vivía en el edificio de la esquina, pero no sabían el piso, así que una vez allí llamé a la puerta del primero. Me abrió una mujer sudamericana de mediana edad, no sé si boliviana o ecuatoriana, me cuesta distinguirlo. Pablo ya me había dicho que su barrio estaba repleto de inmigrantes.

—¿Pablo Castro? ¡Claro que lo conozco! —exclamó indignada—. ¡Todo el mundo del edificio sabe quién es, él y su hermana! Los escándalos que montan se escuchan en toda la vecindad, y más ahora, con la ventana abierta. ¿Es su amigo?

—Es un conocido al que estoy intentando localizar.

—¡Pues si habla con él dígale que ya está bien, a ver si a usted le hace caso! ¡Estamos hartos de llamar a la policía! ¡Venga gritos, venga peleas, es insoportable! Anoche igual, ¡el escándalo fue mayúsculo! Esta mañana ha salido corriendo poco antes de las seis y todavía no ha vuelto. ¡Vete a saber adónde iría!

—Está enfermo, ¿no? —pregunté para averiguar el grado de conocimiento que tenía sobre él.

—Sí, eso dice. Por cómo se lamenta siempre, debe estar muy enfermo: va repitiendo desde hace dos años que se va a morir, ¡pero eso no le da derecho a molestarnos de esa manera!

La vecina me indicó el piso: el último, un tercero sin ascensor. Había una sola vivienda por planta. Nada más llegar al rellano vi la puerta entreabierta; a pesar de ello llamé al timbre y esperé un rato, pero nadie contestó. Muy despacio, accedí al interior. Un penetrante olor a suciedad salió a recibirme. La casa estaba en penumbra y las ventanas cerradas, con lo que el calor asfixiante hacía más irrespirable el ambiente. Un simple vistazo me bastó para comprender por qué Pablo llamaba a su casa «la cueva» y entendí que se pasara el día en la calle. La falta de higiene daba náuseas.

Era una vivienda pequeña. La entrada conectaba directamente con el salón; allí había un televisor antiguo, un sofá de dos plazas con la tapicería descolorida y una mesa de comedor con cuatro sillas. A través de un pasillo se accedía a dos habitaciones, la cocina y el baño. No había cuadros, ni libros, nada. Los dormitorios, uno frente al otro, estaban abiertos. Miré en el de la izquierda, que debía ser el de Pablo por cómo me lo había descrito. Los paquetes de pañales en el suelo lo confirmaban. Al empujar la puerta de la otra habitación encontré a su hermana tumbada en la cama. ¡Era cierto lo que decía Pablo, no se levantaba de la siesta hasta por lo menos las siete de la tarde! La zarandeé varias veces. Estaba seguro de que se sorprendería al verme, pero no reaccionó. Seguí insistiendo. Tardé en darme cuenta de que Carmina estaba muerta.

Me sobresalté. Dudaba, no sabía qué hacer. La primera intención fue llamar a la policía, pero ¡no!, mis huellas estaban allí. ¿Cuál había sido la causa? El caso es que de una forma u otra la muerte de Carmina me iba a salpicar. Sin siquiera cerrar la puerta bajé corriendo la escalera, huyendo despavorido. Dentro de mi coche, tras recuperar el aliento, llamé de nuevo a Pablo sin obtener respuesta; entonces decidí salir a buscarlo por los lugares que frecuentaba. Seguía lloviendo.

Ya era de noche cuando lo encontré sentado en un banco del Tossal, justo en el que habíamos estado algunas tardes. Estaba empapado y no paraba de llorar.

—¡Por fin te encuentro! —exclamé aliviado—. Vengo de tu casa.

—¿De mi casa? ¿Has ido allí? —preguntó mientras me abrazaba.

—Sí. ¿Qué te ha pasado?

—Me tuve que marchar de madrugada. Ayer mi hermana no paraba de gritarme. No entiende mi situación. Desde esta mañana llevo dando vueltas, llorando, sin saber qué hacer. ¡No puedo más! ¿Es esto lo que me espera al final de mi vida? Sé que has llamado, pero no quería hablar contigo ni con nadie. Necesitaba tranquilizarme y pensar.

Pablo me contó que el día anterior había tenido cita en el hospital y que, tras revisar el resultado de las pruebas, el oncólogo le auguraba una muerte inminente, quizá no sobrepasara el fin de año. Al darle la fatídica noticia, Carmina la había emprendido con él dándole puñetazos en el pecho:

—¡No puedes morirte! ¿Qué voy a hacer si me dejas sola?

Siguió diciéndome que su hermana lo culpaba de su enfermedad, que la achacaba a un castigo divino por su mala cabeza, y que el ataque de histeria le había durado hasta caer agotada. Sorprendido por aquella reacción, Pablo, totalmente hundido, la había escuchado llorar en la cama hasta que el efecto del Orfidal la sumió en un sueño profundo. Ya serían las seis de la mañana cuando salió en busca del sosiego que necesitaba. Iba a morir pronto. Tenía que asimilarlo.

Debía decírselo con mucho tacto. Me armé de valor.

—Pablo, vengo de tu casa. Tu hermana ha muerto —lo abracé con fuerza.

—¡No, no puede ser! ¿Qué ha ocurrido? —sollozaba sin dar crédito a mis palabras.

Se negaba a volver y comprobar si era cierto lo que le yo le aseguraba. Conseguí convencerlo y regresamos a su piso. Un coche patrulla estaba en la puerta del edificio. Subimos a la vivienda, donde varios agentes obtenían huellas, esperando la llegada del forense. El cuerpo de Carmina yacía en su lecho. Pablo quiso abalanzarse para abrazarla pero se lo impidieron. Los vecinos esperaban a ser interrogados. De repente la mujer con acento sudamericano, se dirigió a la policía, acusándome con el dedo:

—¡Este es el que ha subido al piso hace dos horas!

Me di cuenta de la gravedad de la situación, que me convertía en sospechoso.

El forense certificó las dos de la tarde como la hora de la muerte. Nos llevaron a Pablo y a mí a comisaría junto a los vecinos de los dos pisos inferiores. Ellos prestaron declaración y se marcharon, pero nosotros tuvimos que quedarnos hasta el día siguiente. Pablo era una mezcla de dolor, lágrimas y desesperación. Fue necesario que viniera un médico para inyectarle calmantes en vena. La autopsia confirmaba la hora de la muerte de Carmina. La causa: probable suicidio por una excesiva e inadecuada ingestión de fármacos.

A nadie le extrañó, no era la primera vez que lo intentaba, y el día anterior, más hundida que nunca, todo el vecindario la había oído gritar. Pablo salía ocho horas antes de su fallecimiento y yo subía a su casa sobre las seis de la tarde, según declaración de la vecina; así que a mí me dejaban ir con la condición de estar localizable, y a él se lo llevaron a la unidad de cuidados paliativos del hospital. El médico dijo que no sabía cómo podía aguantar tanto: estaba en fase terminal con unos dolores terribles;

por ello, después de haber visto el informe y telefoneado a su oncólogo, decidieron el ingreso. Nos despedimos.

—Pablo, esto es bueno para ti, allí estarás atendido y tendrás compañía. Era lo que querías ¿no?

Tenían el seguro de decesos que contrataran sus padres y que Pablo seguía pagando, por lo que a Carmina se le pudo dar una sepultura digna. El hospital le permitió asistir al sepelio y yo lo acompañé. Allí conocí a su prima, la que le llevaba comida de vez en cuando, y a otros familiares de los que nunca me había hablado. Intercambiamos nuestros números de teléfono. Solo había tres personas más, sus mejores amigas según Pablo. Intenté llevármelo a comer a mediodía, pero declinó, no tenía hambre, así que lo devolví al hospital y pasé la tarde con él. Esa noche volvió a escribir en *Facebook*: «Estoy agotado, ya no puedo con más problemas, enfermedades, ni nada. Solo quiero morirme en paz. Ya es tarde para todo.»

Iba a verlo siempre que podía y presenciaba su deterioro progresivo. Seguía lamentándose de su soledad y se quejaba de la comida que le servían. Era el mismo de siempre a pesar de estar muriéndose. Conseguí que varios amigos lo visitaran, a algunos les acompañé yo. Ya se corría la voz de que Pablo estaba en las últimas, pero aún así seguía estando solo.

Lo notaba alterado, y precisamente eso era lo que menos necesitaba. Ya admitía la realidad de que quizá no viera comenzar el 2019. Lo que más le importaba es que no podría felicitar a Julia el día de los enamorados. Los fantasmas crecían en su mente. Su fe había resucitado y acudía todos los días a rezar a la capilla.

Escribió:

Cinco y veinte de la mañana. Estoy todavía despierto. He mojado la cama de nuevo. Cada vez tengo más dolores, sobre todo de cabeza, parece que me vaya a estallar. Mi pensamiento está con Carmina. Toqué mil puertas pidiendo ayuda para ella y solo encontré silencio, pero por fin está en paz. Aún así no tengo la conciencia tranquila. Mi deterioro crece por días. Me gustaría que viniera gente a verme para sentirme arropado.

Los médicos me comunicaron que su muerte era cuestión de días. Entré en la habitación y estaba con dos conocidos comunes con quienes charlé un buen rato. Pablo casi no hablaba. Sobre las ocho de la tarde nos despedimos los tres para dejarlo tranquilo, pero indicó que me quedara cogiéndome la mano. Una vez se hubieron marchado me senté a su lado.

—Es cuestión de muy poco tiempo ¿lo sabes, no? Gracias a ti he tenido momentos de comprensión y consuelo. No quiero irme odiando a todos los que me han despreciado abandonándome en mi soledad. Pero sobre todo, no podré morir en paz si no me sincero contigo.

Hizo que me aproximara y me susurró al oído.

—Alfonso, yo maté a Carmina.

Aquella confesión me asombró. Pablo estaba tranquilo, algo en él había cambiado. ¿Qué me estaba diciendo? Antes de que pudiera pronunciar palabra, apretó mi mano y me habló con dificultad.

—Al darme los resultados de las pruebas conocí la terrible realidad: era ya cuestión de pocos meses. Salí destrozado. Pero cuando llegué a casa, Carmina comenzó a gritarme.

Hizo una pausa para poder respirar. Continuó diciendo que temía lo que pudiera ocurrir después de su marcha. Veía a su hermana desahuciada, como una indigente sin hogar viviendo de la caridad. Seguro que iba a acabar en un psiquiátrico, lo que sería para ella peor que la muerte; no le deseaba ese destino. Fue entonces cuando, desesperado, pensó que no podía morir temiendo el destino de su hermana y decidió darle la paz que él no tenía. Pablo tomaba Oxicodona y ella Valium, la combinación perfecta para provocar la muerte instantánea por asfixia. Lo había aprendido en Google.

—Mi hermana no se levantaba nunca antes de las diez de la mañana, y yo le dejaba siempre preparado el desayuno en la mesita de noche antes de marcharme. Fue tarea fácil. En su tazón de leche con Cola Cao, que le gustaba tomar frío, disolví una buena ración de ambas pastillas. Lo hice después de estar pensándolo toda una noche de insomnio. De madrugada coloqué en su habitación el tazón y un par de magdalenas y salí corriendo de casa. Con sus fuertes estados de ansiedad y sus desequilibrios mentales, todo indicaría que había sido un suicidio, como así ocurrió. Estuve todo el día deambulando sin rumbo fijo, hasta que me encontraste. Ahora ya sabes la verdad, sólo tú la sabes. Tómala como mi última confesión, aunque no estemos en la Argentina.

Me marché agradeciéndole su confianza y le prometí guardar silencio, aunque ahora lo rompa para aliviar mi conciencia. Volví al día siguiente con unos pasteles de dulce de leche, nuestros pasteles. Pablo me sonrió dándome las gracias pero solo dio un bocado, le costaba tragar. Por la noche leí en su *Facebook*:

No he valido para nada. Ese es el balance de mi vida. Solo espero tener un tránsito tranquilo y no sufrir más. Adiós. Este es mi último escrito. Guardaos en vuestro recuerdo al Pablo Castro de antes. Siento haber caído de una manera tan brusca. Mi final se acerca por momentos.

A la mañana siguiente recibí la llamada de su prima para decirme que acababan de sedarlo. Fui por la tarde al hospital. En la habitación le acompañaban algunos amigos que no habían acudido a su llamada cuando más los necesitaba. Estaba dormido con una expresión tranquila en su rostro. Volví a casa y a las dos de la mañana recibí la noticia de que Pablo por fin había encontrado la paz.

No pude conciliar el sueño. Me lo impedían mis pensamientos. ¿Qué azar del destino había causado la convivencia de dos seres en una situación tan deplorable? ¿Tenía justificación la muerte de Carmina? ¿Había sido un asesinato, o más bien un acto de compasión, de egoísmo o de locura? ¿A dónde se puede llegar al alcanzar tal estado de desesperación? ¿Por qué es tan complicada la mente humana? Muchas de esas preguntas me golpeaban. Y no encontraba respuestas.

Al funeral de Pablo fue mucha gente, tanta que faltaba sitio en los bancos de la capilla. Varias personas leyeron textos elogiándolo, glosando sus bondades, su personalidad afable, su disposición a ayudar a los amigos, su implicación en los círculos a los que pertenecía. «¡Pobre Pablo!», decían. ¡Falsos! Ninguno le había creído, todos le habían repudiado, ignorado, y nunca habían acudido a su llamada. Me cuesta admitir que la vida sea un cúmulo de falsedades y egoísmos, pero allí estaba representado todo aquello que más detesto. Sin embargo, ¡ya ves! No hay mal que por bien no venga. Pablo estaría contento. Ya tenía a sus amigos con él. Una pena que no hubiese ocurrido en vida.

No he vuelto a la Argentina desde entonces y no creo que vuelva. Se me removerían muchas cosas por dentro al recordar cómo una persona llegó a hundirse por haber mezclado en la coctelera sus propias decisiones con un cáncer, capaz de destrozar la calidad de su vida, y con otros ingredientes como: fracaso sentimental, falta de empatía, decepción, incertidumbre, soledad e indiferencia ajena.

La verdad es que cada vez creo más en el karma, porque de otra manera no me explico cómo tal cantidad de infortunios pueden caer a la vez sobre la misma persona.

Las mujeres de las páginas que había
visitado se cubrían con ropa ajustada o
lencería sexi, sin embargo, la que ahora tenía
delante estaba completamente desnuda

Foto: Pixabay

OLITAS

El deseo no es lo que ves, sino aquello que imaginas.
(Paulo Coehlo)

1

Como todas las noches, Pedro cerró la puerta de su habitación, se acomodó en la cama apoyándose en la cabecera, apagó la luz y conectó el portátil clandestinamente en la más absoluta intimidad. Aurora, su mujer, no compartía lecho conyugal con él desde que, tres años atrás, le confesara que ya no lo quería y decidiera romper cualquier tipo de relación sexual y afectiva. Ahora, este hombre de cabello encanecido y expresión triste, a quien de joven consideraban el vivo retrato de Humphrey Bogart, se dedicaba en solitario, a espaldas de su mujer, a bucear en las páginas de contactos con la esperanza de encontrar a alguien con quien mantener algún escarceo esporádico y discreto con el fin de paliar sus necesidades carnales. Seguía los consejos de Mónica, una joven psicóloga de largo cabello negro, alta y con pinta de hippie, a la que había acudido bastante a regañadientes por indicación de un buen amigo. Nunca antes había ido a terapia porque decía que eso era para locos, pero terminó por hacerlo para que la depresión no le venciera.

La tarde de la primera cita todavía dudaba, pero, armándose de valor, se decidió a tocar el timbre. No tardó en abrirle una muchacha vestida con una veraniega bata estampada, que exhibía una expresiva sonrisa. Pedro se asombró, no era esa la idea que tenía de los psicólogos, los hacía serios y más mayores. La chica que tenía frente a él rondaría los veintipocos y derrochaba simpatía. Tragó saliva antes de presentarse.

—Buenos tardes. Soy Pedro, tenía cita a las siete.

—Hola, Pedro. Encantada, soy Mónica —dijo mientras le invitaba a pasar al recibidor tras estrechar su mano.

Había un par de despachos. La psicóloga le indicó que entrara en el de la derecha, que rezumaba un olor a sándalo que tiraba de espaldas. Pedro estaba nervioso.

—Ponte cómodo —rogó Mónica señalándole el sillón gris claro, de Ikea sin duda, situado junto a una mesa que consistía en un cristal apoyado sobre dos caballetes de madera.

Pedro tomó asiento, rígido, sin apoyar la espalda. Por el aroma del entorno aquello se asemejaba a un santuario. No encontró títulos colgados de la pared, por lo que le pareció que la chica era un poco novata, pero ya estaba allí: debía fiarse de ella. Esperó a que la psicóloga tomara la iniciativa.

—Pedro, te veo un poco tenso. Es imprescindible que tengas confianza y que te relajes. Estate tranquilo y cuéntame qué es lo que te ha traído a mi consulta.

Se mantuvo en silencio unos instantes, tenía que ordenar sus pensamientos. Transcurrido casi un minuto, comenzó a hablar. Aunque en la primera sesión le costara sincerarse, Mónica fue tranquilizándolo hasta que logró abrir su mente y, según iba hablando, ella anotaba en un cuaderno la interpretación de sus palabras para después poder redactar el adecuado resumen:

Pedro Ruiz Pastor. Sesenta y cuatro años.

Falta de autoestima por dominación materna.

Se casó muy joven y se separó a los cuatro años al obsesionarse con otra mujer.

La nueva pareja lo dejó seis años más tarde.

Volvió a casarse, esta vez con Aurora, hace treinta años.

—¿Y qué tal va ahora tu matrimonio? —irrumpió Mónica.

—Aurora es el amor de mi vida, la que iba a ser mi pareja definitiva.

—¿La que iba a ser? ¿Y ya no lo es?

—Yo la quiero —Pedro prosiguió a los pocos segundos—, pero hace tres años que ella dejó de hacer vida marital conmigo. Dijo que ya no se consideraba mi pareja porque no estaba enamorada de mí, y ahora me pregunto si lo habría estado alguna vez de verdad. Eso me angustia, no comprendo por qué me rehúye, le pido cariño y me lo niega. Por mí no siente absolutamente nada y eso me hunde cada vez más.

Mónica anotó en su cuaderno:

Fuerte dependencia, ajeno a la realidad.

A instancias de la psicóloga, Pedro le dijo que se había quedado en el paro al quebrar la empresa de muebles en la que trabajaba como jefe de ventas, hecho que le conduciría a un estado irascible y depresivo, y que a punto de jubilarse era vigilante jurado, un trabajo que odiaba y que había conseguido, no sin grandes esfuerzos, echando mano de recomendaciones.

—¿Y cómo te encuentras ahora?

—No levanto cabeza y mi mujer me acepta cada vez menos, aunque tengo la esperanza de que nuestra relación no esté perdida. Me cuesta creer que no le quede ni una pizca de amor.

—¿Te has puesto alguna vez en su lugar? ¿Has intentado comprenderla? ¿ No has pensado nunca que quizá no sois tan compatibles como crees y que ella se está rebelando contra una relación que ahora no le hace feliz?

—No lo sé —dudó Pedro.

—¿Y no os habéis planteado separaros?

—Quizá ella sí, pero para mí es impensable, yo deseo recuperar mi matrimonio a toda costa. Pero Aurora me dice que es tarde.

Mónica siguió tomando notas:

Irritabilidad.

Carácter obsesivo.

Falta de empatía.

Vive en su propio mundo.

Pedro también le desveló que era muy romántico, aunque eso ahora le diera igual a ella, y que encontraba una válvula de escape en la escritura.

Una vez finalizada la primera sesión, la psicóloga ordenó las ideas y añadió los aspectos sobre los que debía trabajar con él, que sobre todo eran sus obsesiones. Mónica le comentó que la situación con Aurora parecía irreversible y que debía admitirlo lo antes posible para paliar su grado de dependencia y ansiedad. Le aconsejó que buscara alicientes en la vida para volver a ilusionarse, por lo menos en cuanto a relaciones sexuales ya que, a pesar de que él las considerara una infidelidad, su conciencia tendría que estar tranquila, puesto que Aurora le había asegurado que ya no era su pareja. Pedro no se creía capaz, pero necesitaba sentir unas manos de mujer acariciándolo, besar unos labios, alcanzar el éxtasis del sexo. ¿Todo eso sin amor? No quería ver la realidad de su relación, por mucho que Mónica le insistiera, y sabía que se sentiría culpable en brazos de otra mujer, aunque ella también buscara solo lo mismo.

Pero una noche se decidió. Ya en la cama, esperó a que Aurora apagara la televisión y se acostara, entonces, iluminado únicamente con la luz del portátil, abrió la página de inicio de Google. Tras unos segundos, tomó aire y tecleó «contactos». Jamás hubiera imaginado que existieran tantas páginas. Las miró por encima. En la mayoría se buscaba pareja o relaciones de amistad, pero él no necesitaba eso, sino a alguien con quien permitirse alguna aventura esporádica, así que añadió la palabra «sexo» y le aparecieron varias páginas nuevas.

Entró en una de ellas. Ya en la bienvenida le solicitaban la localización para así poder ofrecerle chicas de su entorno. Pedro tecleó «Alicante». Una colección de fotos borrosas, que fue multiplicándose según desplazaba el cursor hacia abajo, le llenó la pantalla. Junto a las imágenes, textos muy sugerentes, del tipo «Hola, me llamo Raquel, soy de Altea y estoy muy caliente, te espero con ansia». Abandonó esa web y entró en otras dos. El diseño era distinto pero las características similares: en todas tenía que pagar para poder ver las fotos y chatear.

Las suscripciones variaban, en unas era una cantidad fija al mes y otras cobraban por paquetes de mensajes. Le venció el ansia y se imaginó haciendo el amor con una de esas mujeres totalmente desinhibidas. Ya sentía el placer en su cuerpo, así que, sin pensarlo más, creó una nueva cuenta de correo, definió su perfil y facilitó su foto y número de la tarjeta de crédito. En ese momento la página se desbloqueó y surgieron ante sus ojos imágenes de mujeres de todas las edades, exuberantes, en poses sensuales. Las miró una y otra vez y leyó sus insinuaciones, pero no sabía por cuáles decidirse; su carácter inseguro le hizo dudar entre unas y otras, hasta que, casi a las tres de la madrugada, el sueño le venció.

2

Al día siguiente cumpliría su turno de vigilante de la mañana mirando constantemente el reloj. Estuvo tentado más de una vez en sacar el móvil y seguir explorando, pero podía costarle el puesto, así que no le quedó más remedio que esperar. Esa tarde tenía sesión con Mónica. Pedro le dijo que había superado sus miedos y que había estado buscando en las páginas de contactos. La psicóloga elogió el cambio de su estado de ánimo.

—Es un gran paso —aseguró Mónica—. Darte cuenta de tu realidad y de lo que ahora necesitas beneficia tu autoestima y te aleja de la dependencia hacia tu mujer. Ahora ve con mucho tacto y no cometas errores, siéntete seguro de ti mismo, no te obsesiones, sabes que eres propenso: deja que todo transcurra con normalidad y, sobre todo, que sea tu secreto.

Mónica sabía que en esas páginas no era fácil conseguir una cita, que por cada mujer inscrita había por lo menos veinte hombres buscando, y que una persona mayor, como él, tenía pocas posibilidades, pero el simple hecho de ilusionar a Pedro era un gran paso en su terapia.

Salió de la consulta pasadas las ocho de la tarde y deambuló por la ciudad repitiéndose cada consejo recibido. El recién estrenado otoño había refrescado el ambiente y aquel martes daba gusto pasear, aunque ya casi hubiera anochecido. No tenía prisa en llegar a casa, allí se encontraría una vez más con la indiferencia de Aurora, a la que mandó un *WhatsApp* advirtiéndole de su tardanza.

Seguro de que iba a encontrar un buen rollo, deseaba que llegara la noche. Entró tarde en casa, su mujer ya había cenado y estaba viendo la tele. Después de saludarla fue directamente a la cocina, se hizo un sándwich, cogió una cerveza de la nevera, deseó a Aurora buenas noches como tenía por costumbre y se encerró en su habitación.

Comió rápido, prácticamente mientras se inicializaba el ordenador. Tras apagar la luz entró en una de las webs y emprendió una búsqueda por tramos de edad. Comenzó por entre cincuenta y sesenta: no le gustaban, las veía mayores. Siguió por el tramo de cuarenta a cincuenta y algunas le llamaron la atención. Les envió el mismo mensaje, directo, sin tapujos: «Hola, soy Pedro, tengo sesenta y cuatro años. Quiero tener sexo contigo, no busco nada más. Si tú deseas lo mismo, contéstame».

Lo hizo en las tres páginas a las que se había suscrito, por lo que su crédito ya comenzaba a contar. Recibió respuesta en varias, casi siempre del tipo «necesito conocerte mejor», y entabló con ellas conversaciones que parecían no tener fin, puesto que a cada mensaje que enviaba, le preguntaban de nuevo; así que empezó a desesperarse y decidió buscar en el tramo de las más jóvenes, seguro de que se excitaría con solo ver las fotos de sus cuerpos inalcanzables.

De repente, una nueva ventana emergió en su pantalla por encima de la web que estaba visitando. Le llamó la atención lo insólito de la imagen. Una joven de poco más de veinte años lo miraba fijamente con sus ojos negros. El pelo corto, también negro, estilo francés; la boca de labios finos, entreabiertos; las líneas de la cara muy suaves y la expresión seria pero cándida, inocente, con una tremenda carga de sensualidad. Las mujeres de las páginas que había visitado se cubrían con ropa ajustada o lencería sexi, sin embargo, la que ahora tenía delante estaba completamente desnuda, de rodillas, junto al borde de una piscina. Sobre la foto se leía un nombre, «Olitas». Vivía en Elda, la tenía muy cerca.

Se recreó con las curvas de su cuerpo al agrandar la imagen. Era delgada, de senos pequeños, estaba totalmente depilada y aparentaba ser alta; sus piernas eran tersas y se estrechaban en el pubis, del que sobresalía una vulva abultada y rosácea que exhibía con descaro. Estaba fotografiada de escorzo, desde atrás, mostrando su trasero y su sexo, que hacía destacar al máximo arqueando la espalda con las manos apoyadas sobre el suelo y la cabeza vuelta hacia la cámara con expresión insinuante.

Su imagen resaltaba aún más junto al azul del agua que tenía de fondo. La líbido se apoderó de Pedro. Había dos fotos más: una sentada de frente, con las piernas dobladas y abiertas y el pulgar en la boca; otra, un primer plano con la mirada más sugerente que jamás había visto. Su necesidad sexual reprimida tanto tiempo se tradujo en una potente erección, y ante esa imagen que le despertaba todo tipo de sensaciones placenteras, se masturbó en silencio tragándose los gemidos que hubiese querido dejar libres.

Sintió un placer como hacía tiempo que no experimentaba y su mente imaginó cómo sería con ella el sexo real. «Olitas», ¿por qué Olitas? Le pareció un nombre que trasmitía inocencia, como su mirada. Buscó la palabra en Google; coincidía con una marca comercial distribuidora de prendas para niños. Le pareció acertado por su expresión infantil, dulce, y cándida.

Eran casi las dos de la mañana y con el cuerpo ardiente de deseo, se dio cuenta de que ella había tomado la iniciativa. Leyó: «Hola Pedro. He visitado tu perfil y me he decidido a escribirte. Me gustan los hombres maduros, estoy segura de que en ti podré encontrar experiencia y pasión. Estoy harta de jóvenes que solo se pavonean y no tienen nada que ofrecer. Escríbeme, me gustaría conocerte».

A Pedro le parecció imposible que una mujer así, que siempre había considerado inaccesible, lo hubiese elegido. No podía creer que, con la cantidad de hombres que podría tener cuando quisiera, se hubiera fijado en él. ¿Sería verdad que le estaba proponiendo una aventura, o solo era un juego? Cada vez que miraba sus fotos sentía más deseo, pero, aunque se moría de ganas de hacerlo, decidió no contestar, tenía que contárselo a Mónica y que ella le marcara las pautas.

Le puso un *WhatsApp* desde el trabajo y, a pesar de que no tenía consulta con ella, lo citó a primera hora de la tarde, así que, sin pasar por su casa a mediodía y tras avisar a su mujer, comió algo rápido y acudió a terapia. Fue más corta de lo normal, lo suficiente para que la psicóloga mostrara su alegría y le apoyara en el empeño. Rondó por la ciudad hasta casi las siete de la tarde pensando cómo iba a organizarlo todo sin que Aurora se enterase, porque estaba convencido de que a la primera de cambio se vería con Olitas en un sitio discreto. Necesitaba meditar muy bien su coartada.

Entró en casa, saludó como de costumbre, pero no obtuvo respuesta. Fue directo a la cocina y abrió la nevera, necesitaba una cerveza. Encontró un papel sujeto con uno de los imanes adheridos a la puerta. Era la letra de su mujer. Leyó el mensaje sin siquiera despegarlo:

Pedro, no puedo más. Me resulta insoportable vivir con alguien a quien no quiero y del que me siento cada vez más lejos. He decidido marcharme, no te digo a dónde, pero estaré bien. Necesito pensar mucho sobre mi futuro. Solo me he llevado lo imprescindible, no preciso más para empezar de nuevo. No me busques ni contactes conmigo, no contestaré a tus mensajes. Lo nuestro, tal como lo estábamos manteniendo, no puede ser. Gracias por los buenos momentos, aunque fueran ya hace tiempo.

Tomó asiento apesadumbrado. Jamás hubiera esperado esa reacción de su mujer. Él la seguía queriendo y sintió de repente la soledad más absoluta. Naturalmente, llamó a Mónica, quien le atendió al terminar una de sus consultas.

—Debes estar tranquilo, Pedro. Hemos hablado muchas veces de que esto se veía venir y, por todo lo que sé de vosotros, no creo que ella vuelva contigo. Va a ser muy duro, pero, ahora más que nunca, necesitas centrarte en ti mismo y olvidarla. Créate nuevos alicientes y acepta tu realidad.

Colgó el teléfono y se derrumbó en el sofá, donde permaneció un par de horas sin saber cómo reaccionar.

Lloró amargamente al sentir un gran vacío interior. Treinta años de vida en común tirados por la borda. Demasiado había aguantado esa situación que ya no era más que una soledad compartida.

—Tienes que olvidarla, créate nuevos alicientes, —se repetía a sí mismo las palabras de Mónica.

Pero él ya había encontrado el motivo para salir del hoyo, una nueva obsesión que estaba eclipsando cualquier otro sentimiento y que colocaría por encima del resto de sus emociones. Se dio cuenta de qué poco le importaba el abandono de su mujer, ahora tenía toda la libertad del mundo para contactar con Olitas, incluso la podía citar en su casa y allí hacer apasionadamente el amor sin necesidad de coartadas, sin justificarlo ante nadie.

Abrió el portátil y encontró un nuevo mensaje en su chat. «¿Qué te pasa, te ha comido la lengua el gato? No me has contestado. ¿Es que no te gusto? ¿No te parezco sexi? ¡Escríbeme! ¡Estoy húmeda y ansiosa!». A Pedro le subió la líbido a cien. Esa página era la más cara de todas en las que se había inscrito, costaba nada menos que veinte euros el grupo de diez mensajes, pero no le importaba, ¡vaya si valía la pena! Ordenó el cargo de cuarenta euros en su tarjeta y cuando la operación se hubo aprobado, contestó de una manera poco usual en él, dando pie a la primera de sus conversaciones *online* con Olitas.

PEDRO.— ¡Hola guapa!, ¿sabes que tienes el cuerpo más sensual que he visto nunca?

OLITAS.— ¡Gracias! No es para tanto. Yo no me veo atractiva, pero sé que gusto a los hombres. Te gusto a ti, ¿verdad?

PEDRO.— Tanto que me excito cada vez que miro tus fotos, así que voy a ser claro desde el princípio: quiero follar contigo, supongo que tú también porque, para eso estás aquí ¿no?

OLITAS.— ¡Por supuesto! Yo también te deseo desde que vi tu foto, esa expresión tuya tan cándida me dice que puedes hacerme gozar como nadie lo ha hecho. Ya me estoy poniendo cachonda solo con pensarlo. Así que dime: ¿qué quieres de mí?

PEDRO.— ¡Lo quiero todo! ¿Para qué ir con rodeos? Elige día y hora y nos vemos.

OLITAS.— ¡Espera, espera! No seas tan impulsivo, primero tendré que saber más de ti y decirte cómo soy, ¿no crees?

PEDRO.— Vaya, ya me estás pareciendo como las demás, unas calienta braguetas que solo quieren «conocerme mejor» y luego dan largas a la hora de la verdad.

OLITAS.— ¡Por favor, no pienses eso! Necesito organizarme, he de mentir a mi marido diciéndole que voy a algún lado, y que él se lo crea no es tan fácil; pero descuida, ardo en deseos de que ese día llegue y espero quedar pronto contigo, ¿te parece?

PEDRO.— Estás casada, por lo que dices.

OLITAS.— Sí, desde muy joven. Lo hice para huir de mi padre porque me violaba. No quiero ni deseo a mi marido, es un infeliz que no está a mi altura y algún día lo dejaré porque además me maltrata, me ha pegado varias veces, pero tengo miedo de marcharme. Mientras tanto, necesito disfrutar de la vida, acostarme con quien realmente valga la pena, y ahora deseo que sea contigo. Ese morbo de hacerlo a sus espaldas me pone todavía más. Y tú, ¿estás casado?

PEDRO.— No, no lo estoy, no quiero atarme a nadie —mintió.

OLITAS.— ¿En qué trabajas?

PEDRO.— Soy jefe de sección en una gran empresa distribuidora de productos farmacéuticos. —Volvió a mentir—. ¿Y tú?

OLITAS.— Soy enfermera, ¿a que no te lo esperabas?

PEDRO.— La verdad es que no, te imaginaba más bien de modelo o de estríper. Tus fotos son espectaculares, bueno, tú eres espectacular, pero ¿por qué te has fotografiado desnuda?

OLITAS.— Sufrí una grave anorexia y odiaba mi cuerpo, ahora lo hago para demostrarme que despierta deseo y que gusta a los demás, y eso me hace sentir bien. ¿Te parece que estoy buena?

PEDRO.— ¡Y tanto! ¿No crees que ya nos conocemos lo suficiente? ¿Qué tal si vamos al grano?

Nunca había sido tan directo ni empleado ese vocabulario soez, pero las dosis de autoconfianza que le inculcaba Mónica mezcladas con el deseo que despertaba Olitas en él le ayudaban a desinhibirse. Alimentaba la seguridad de que pronto harían el amor, porque para eso estaban las chicas en esas páginas. Y ella lo había elegido. Fijó esa idea compulsiva en su cabeza.

Siguió conectado hasta bien entrada la madrugada. Como cada uno de sus mensajes se contestaba con una pregunta, la conversación se hizo interminable. Los tanteos iniciales abocaron en un diálogo sensual en el que, tomando Olitas la iniciativa, excitaba a Pedro narrándole lo que iba haciendo con las manos sobre su cuerpo para darse placer. Tuvo que ir comprando más paquetes de mensajes y sin darse cuenta, cuando decidió despedirse porque al día siguiente madrugaba, había gastado ciento veinte euros de su tarjeta de crédito. Al apagar el ordenador se acordó de Aurora, ¿dónde estaría?, ¿por qué se había ido? Se sintió solo, pero pronto dejó de pensar en ella y de hacerse preguntas, en aquellos momentos ya no le importaba, en absoluto.

3

Ya hacía una semana que, después de trabajar, al llegar a casa comía lo primero que encontraba en la nevera y conectaba su ordenador. Olitas siempre estaba ahí, no tardaba en responderle, incluso cuando una madrugada se despertó a las cinco, henchido de deseo, y sintió la necesidad de escribirle. Pensó que ella vería el mensaje al día siguiente, pero para su sorpresa, le contestó enseguida. Tenía respuestas para todo en cualquier momento.

PEDRO.— ¿Qué haces despierta a estas horas?

OLITAS.— Algo me ha sentado mal de la cena y llevo toda la noche vomitando, no puedo dormir.

PEDRO.— ¿Y tu marido?

OLITAS.— No se entera de nada, duerme como un tronco. Justo cuando me he levantado para ir al aseo ha vibrado mi móvil y tenía un mensaje tuyo. ¿Te gusta que te haya respondido?

PEDRO.— No me lo esperaba, la verdad. Claro que me gusta.

OLITAS.— ¿Sabes que estoy desnuda y que cuando he visto que eras tú me he puesto caliente?

PEDRO.— Dejémonos de juegos. De esta semana no pasa, ya es hora de que nos veamos y peguemos un buen polvo.

OLITAS.— Tienes razón, espera que me recupere. Solo es cuestión de unos días, te lo prometo.

PEDRO.— Entonces ahora excítame, acaricia tu cuerpo y cuéntame cómo lo haces.

Continuó la charla *online* hasta que tuvo que irse a trabajar. El crédito seguía subiendo. Mónica le decía que lo dejara, que no insistiera, porque intuía que se estaba obsesionando. Ya había conseguido su objetivo, que era entusiasmarlo, hacer que su atención se centrara en otra cosa que no fueran sus problemas. Pero él estaba seguro de que el momento llegaría… Y no podía parar.

PEDRO.— Hola. Ya han pasado cuatro días, no tienes excusa. ¿Qué tal si quedamos mañana?

OLITAS.— Lo siento, Pedro, de momento me es imposible.

PEDRO.— ¿Qué pretendes? ¡Creo que ya está bien de tomarme el pelo!

OLITAS.— No es lo que tú piensas, de verdad. Ardo en deseos de verte, pero me han puesto doble turno y no puedo negarme. Ten confianza en mí.

PEDRO.— ¿Hasta cuándo?

OLITAS.— Quizá una semana. Pero mientras tanto podemos seguir escribiéndonos.

PEDRO.— ¡No sabes qué hacer para darme largas!

OLITAS.— Te juro que es verdad. ¡Oye! Se me acaba de ocurrir una idea: como preámbulo a nuestro encuentro ¿qué te parece si mañana por la noche, cuando mi marido duerma, vivimos la fantasía de una cena romántica virtual? ¡Demuéstrame tus dotes de seductor!

PEDRO.— ¡Menuda tontería! ¿Y eso para qué?

OLITAS.— ¿No te apetece imaginarme elegante y atractiva para ti, rebosante de deseo? ¿No sería estimulante imaginar qué podría pasar después de la cena?

PEDRO.— ¡Sabes que quiero sexo contigo, nada de imaginaciones!

OLITAS.— ¿Pero no te das cuenta de la excitación que ambos podemos crear? Sería como el preámbulo a conseguir que sea realidad. ¡Venga, decídete!

PEDRO.— ¡Está bien! Mándame una foto en la que estés vestida, así me haré una idea de lo encantadora que te pondrás para la ocasión.

OLITAS.— Prefiero que sigas viéndome así, sin nada, tal como soy, con toda mi desnudez para ti. Mañana te describiré cómo iré a la cena y crearás mi imagen en tu mente.

Quizá fuera apreciación suya, pero, además de admirar ese cuerpo de escándalo, la notaba sensible y romántica. Guiado por el deseo obsesivo que sentía, accedió al juego sin importarle el coste económico de los mensajes. Sería una ocasión para desplegar sus habilidades de escritor y recuperar aquel romanticismo perdido hacía tiempo, así la cautivaría totalmente. A las once y media recibió el mensaje de Olitas. Pedro, se encontraba seguro de sí mismo.

OLITAS.— Hola Pedro. ¿Estás dispuesto?

PEDRO.— Totalmente.

OLITAS.— Pues relájate y hazme pasar una noche inolvidable, una experiencia sensual y maravillosa.

PEDRO. —Ardo en deseos de compartirla contigo.

OLITAS.— ¡Sedúceme! ¡Soy toda tuya!

PEDRO.— ¡Allá voy! Los dos formamos parte de la realidad virtual porque aún no nos hemos demostrado en persona que existimos. Porque ¿tú existes, no?

OLITAS.— ¡Naturalmente! Ya lo comprobarás.

PEDRO.— Pues esta noche vamos a jugar como me has pedido. ¡Pon a volar tu imaginación!

OLITAS.— ¡Lo estoy haciendo!

PEDRO.—He realizado una reserva para dos personas en uno de los mejores restaurantes de Barcelona. El salón está en el patio cubierto de un antiguo palacio, con las paredes pintadas en tonos cálidos y decoración Art Decó. De los techos cuelgan arañas del más fino cristal, y las mesas están bajo esbeltos arcos que sostienen la bóveda. Pero para estar solos tú y yo, he pedido un reservado con velas perfumadas de azahar sobre la mesa, en el que los claroscuros crearán ese ambiente íntimo que deseamos. Así que ponte elegante y atractiva: ¡ni se te ocurra venir desnuda! Ya que no quieres mandarme una foto, descríbeme la ropa que vas a ponerte. En un rato nos vemos en la puerta, ¡qué nervios! Cenaremos, y después… lo que surja. Vamos a pasarlo bien. Recurre a tu fantasía y cuéntame cómo te sientes.

OLITAS.— ¡Qué maravilla! Nunca había estado en un sitio así, a tu lado me sentiré la mujer más dichosa, me tienes totalmente cautivada. Estoy terminando de arreglarme. Voy a llevar un top granate y una falda negra larga, me calzaré unas sandalias de mucho tacón y no me maquillaré demasiado; eso sí, mis labios serán rojos, del color del buen vino para que puedas sorberlos cuanto desees. Me he puesto también unos pendientes largos, imitación a oro viejo. ¿Te gusto así?

PEDRO.—¡Me encantas! ¡Por fin has llegado! ¿Qué te parece el restaurante? ¿Es el marco adecuado que esperabas para este encuentro? Se te ve radiante. La luz de las velas es mágica y crea un embrujo especial. Bueno, Olitas, todavía no me has dicho cómo te llamas de verdad. ¿Qué tal el día, tu trabajo, tus relaciones, tus placeres? Ahora estás aquí, el metre nos acompaña a la mesa y nos sirve dos copas de un buen Brut Nature. Mientras bebemos, repetimos entre risas todo lo que nos habíamos escrito en los mensajes. ¡Qué diferente es hacerlo con los ojos frente a frente en lugar de a través de un chat! ¿Qué te apetece cenar? Imagina lo que pedirías, no te cortes porque la carta es como tú quieras que sea. Luego elegiremos los vinos. Cuando me digas lo que vas a pedir, confiésame lo que sientes en ese momento. Sea lo que sea. Por cierto, me encanta tu aroma. ¿Qué perfume llevas?

OLITAS.— Me he puesto Manifiesto de Ives Sant Laurent, el más sensual que he encontrado. Es penetrante, ¿no?

PEDRO.— Lo cierto es que has venido muy atractiva, tal como esperaba. ¡Me has deslumbrado! Debes saber que para mí la combinación de colores perfecta es el negro y el granate, así que has acertado plenamente, ¡bingo! Y con tacones, por supuesto, no concibo una mujer elegante sin ellos. De música, creo que voy a pedir las obras para piano de Erik Satie, son idóneas para la ocasión, ¿qué te parece?

OLITAS.— No las conozco, pero si tú las has elegido, estoy segura de que me gustarán. En cuanto al menú, tomaré un poco de ensalada, unas ostras y una dorada a la espalda. De beber, un vino blanco a tu elección.

PEDRO.— Muy adecuado, ya verás, aquí tienen una

cocina de lo más exquisita. Por cierto, llevo un traje de chaqueta negro, una camisa violeta claro y una corbata burdeos con pequeños lunares blancos. Me da apariencia de mayor, lo sé, es que lo soy.

OLITAS.— ¡Estás interesante y elegantísimo!

PEDRO.— Ahora cuéntame ¿cómo son de importantes para ti estos momentos en tu vida?, ¿los tienes, los añoras? Imagina el oscilar de las velas, el ambiente creado con la música, lo que ves a tu alrededor, lo que sientes. Yo, ¿sabes?, estoy feliz, mi realidad virtual me permite estarlo, porque la imaginación es ilimitada. ¡Ni se nos ocurra hablar de nuestra vida privada! Hay que disfrutar aquí y ahora. ¿Qué te parece? Tú has elegido un vino blanco, pero yo pediré un tinto crianza con ligero paladar a cereza, que trasmite aromas penetrantes y al probarlo llena de sensualidad. Mira la copa. Imagina, imagina… la música, las escenas. ¿Por qué brindamos?

OLITAS.— Siempre por nosotros y por nuestro encuentro real dentro de poco.

PEDRO.— Ya estamos en el segundo plato, yo me pedí *magret* con salsa de arándanos. El ambiente es mágico, ¿no lo notas? Tu aroma llena la estancia, tu expresión y tu atractiva figura, que conozco tan bien, relucen. Conforme va transcurriendo la velada te deseo más. Reímos. Intercambiamos anécdotas. ¿Qué contarías tú ahora? Narra tus sensaciones como yo lo hago. ¡Desnúdate! (de espíritu, de lo otro después). ¡Qué mejor manera de expresar cómo es uno mismo que cuando se encuentra en momentos como este! A mí me encantan, los disfruto, me llenan de sensibilidad y me predisponen a todo. ¡Dime lo que sientes! ¡Juega conmigo!

OLITAS.—No tengo nada que contarte, solo que soy feliz y te noto muy cerca. Haces que me aleje de mis problemas y que desee hacerte el amor.

PEDRO.— Hemos terminado de cenar, yo estoy gozando de la compañía y del ambiente. ¿Cómo ha sido para ti? Un licorcito no estaría mal. Yo me pediré Calvados, ¿a ti que te apetece? Te veo a gusto, por lo que a mí respecta, no me levantaría de la silla. Seguimos charlando, yo te hablo de mi mundo, de lo que le pido a la vida ¿y tú que dirías? Pasa el tiempo, veo que estamos solos en el restaurante, el metre entra y nos dice *«Si us plau, anem a tancar»*. Es tarde. Pago la cuenta, querías a medias, pero yo tengo el gusto de invitarte, ¿me lo permites? Ahora la imaginación nos sitúa a la puerta. «Gracias por estos momentos», te dig**o**. ¿Qué contestas tú? Yo me observo a mí mismo y pienso: «¡qué maravilla de realidad virtual!» ¿Qué podría pedirte ahora? Te miro fijamente, tú haces lo mismo, pasamos unos segundos en silencio. Frente al restaurante hay un hotel.

OLITAS.— Subimos a la habitación y nos abrazamos apasionadamente. Dejamos la ropa tirada en el suelo. Estamos sudorosos, jadeantes. Allí mismo, de pie, exploras todo mi cuerpo y me penetras. Los dos sentimos un placer inmenso. Luego me llevas en brazos hasta la cama. Nos espera una noche de sexo intenso. Y ahora, quédate con esta sensación y sueña conmigo. Ha sido maravilloso. Por cierto, me llamo Olga. —Y desconectó.

¡Olga! le parecía un nombre muy sugerente. Que las dos letras iniciales coincidieran con las de Olitas quizá fuera una casualidad, o puede que fuera intencionado, debía preguntárselo en otra ocasión. Pedro llevaba gastados casi quinientos euros en mensajes, pero le daba igual porque estaba comprando la mayor aventura de su vida, que esa noche había sentido como real. Estaba inspirado, escribía con más sinceridad que nunca. Se sentía dichoso y esperanzado.

La experiencia virtual había conseguido que despertaran todavía más sus ansias de acariciar su piel, de abrazar su cuerpo desnudo y alcanzar el éxtasis. Para Pedro suponía un auténtico subidón de autoestima que una chica tan hermosa, a la que casi triplicaba la edad, lo deseara. Estaba seguro de que iba a llegar con ella a cotas de placer muy altas. La simulación de la cena había tomado forma en su mente como si hubiese ocurrido de verdad, pero hacía ya dos semanas que estaba esperando con ansia la cita que nunca llegaba.

Se había olvidado de la ausencia de su mujer e incluso de acudir al trabajo, donde llevaba dos días poniendo la excusa de que se encontraba indispuesto, y hasta había faltado a la terapia con Mónica. Para él solo existía Olga, aunque le gustaba seguir llamándola Olitas. No podía más, tenía que verla, sentirla. Si el encuentro no se producía, sería él quien fuera a buscarla, pero ¿dónde? Estaba prohibido dar direcciones en la página de contactos. Le había dicho que era enfermera, así que, sin dudarlo, cogió el coche en dirección al hospital de Elda.

4

Llegó a media mañana y preguntó en recepción por una enfermera llamada Olga. Tardó poco en aparecer una mujer de mediana edad, rubia, con el pelo rizado. Pedro quedó confuso.

—Buenos días, ¿qué desea? —preguntó la sanitaria.

—Perdón, pero no es usted a quien busco, la Olga por la que pregunto es joven, delgada, morena, con melena corta.

—Señor, debe haberse confundido, la única enfermera del hospital llamada Olga soy yo.

El desánimo se apoderó de él. No era cuestión de indagar en todas las clínicas de la ciudad, así que volvió a Alicante decidido a investigar dónde vivía y presentarse en su casa.

Había leído que era posible averiguar la dirección postal conociendo la dirección *e-mail,* por lo que recurrió a su amigo Raúl, a quien no veía desde hacía tiempo, cuyo hijo es ingeniero informático. Tras ponerse en contacto con él y explicarle por encima el motivo de su llamada, quedaron los tres a comer. Pedro rememoró tiempos pasados con Raúl y ambos se pusieron al día de cómo les iba la vida. Les comunicó que su mujer lo había abandonado, que ahora andaba detrás de una atractiva joven de Elda que le estaba dando largas, y que necesitaba localizarla. Pidió por favor que le guardaran el secreto.

—Yo puedo encontrarte dónde vive —afirmó el hijo de su amigo—. Solo es necesario conocer la dirección IP desde la que se origina el mensaje y contrastarla con la base de datos que permite acceder al servicio de Whois, un directorio gratuito de acceso público que contiene la información técnica y los datos registrados de cualquier dominio; de esa forma se puede obtener el número de teléfono y el correo electrónico.

—¡No me digas! —se asombró Pedro.

—Así es. Para conseguir la dirección física tendré que hacer un poco de "magia", ya sabes, de esa que nunca confesaré que he utilizado. Dime la página desde la que se envían los mensajes y déjame un par de días, averiguaré la IP y te facilitaré la dirección de tu chica. Pero negaré haberlo hecho o que te la haya dado. Te hago el favor por la amistad que conservas con mi padre.

Estuvieron un rato de sobremesa y después tomaron unas copas en un pub de la calle Castaños. Los dos amigos se despidieron prometiendo verse más a menudo.

Pedro volvió a su casa y resistió la tentación de escribir a Olitas, no estaba de humor tras el desengaño por la visita al hospital de Elda, quizá sería mejor esperar a saber su dirección y presentarse allí de improviso. Ella tampoco le escribía, Pedro supuso que, como en otras conversaciones, la chica esperaba que él tomara la iniciativa.

Dos días después, recibió la llamada que esperaba con ansia.

—¿Pedro?

—Sí, ¿quién es?

—Soy Alberto, el hijo de Raúl. He encontrado lo que me pediste, pero tengo que decirte que esa tal Olitas no vive en Elda, sino en Madrid, por lo menos es allí donde se generan los mensajes. Anota la dirección.

—¿De Madrid? —preguntó extrañado. ¡Debe haber un error!

—No, estoy seguro. Lo he comprobado varias veces y no hay error.

¿Cómo había sido capaz de engañarlo de esa manera? ¿Acaso Olga estaba jugando con él? Tenía que desenmascararla, hacerle confesar su falsedad. No pudo aguantar más y le escribió.

PEDRO.— Hola.

OLITAS.— ¡Hola Pedro!, creí que después de la noche tan maravillosa que pasamos te habías olvidado de mí.

PEDRO.— Estoy muy molesto contigo. Me has mentido y me gustaría saber por qué. No vives en Elda, sino en Madrid ¿qué tienes que decirme a eso?

Pasaron más de diez minutos hasta que recibió el texto de la respuesta.

OLITAS.— ¿Cómo lo has averiguado?

PEDRO.— Lo sé, simplemente. Creo que me debes una explicación.

Otra pausa de diez minutos.

OLITAS.— Perdóname, quería ocultártelo de momento. Ahora no puedo darte más detalles, pero han trasladado provisionalmente a mi marido a la central de su empresa y me ha obligado a venir con él. Lo ha hecho porque no se fiaba de mí, descubrió las conversaciones contigo. Se puso histérico, gritaba y no paraba de golpearme llamándome *puta*. Ahora te escribo a escondidas y me va a ser imposible ponerme de nuevo en contacto contigo. Lo siento de verdad.

PEDRO.— ¡Olga, no puedes dejarme así! ¡Dime al menos que lo intentarás!

Ya no obtuvo respuesta. Pasó la tarde delante del portátil esperando, pero la contestación no llegó.

Pedro necesitaba preguntarle muchas cosas, aunque lo que más deseaba era hacerle el amor. Se sentía ruin por haber dudado de ella y comenzaba a odiar a su marido, causante de haberla perdido sin tocarle un pelo. Si tenía que enfrentarse a él para liberarla, lo haría. Era fuerte a pesar de su edad y estaba decidido, así que al día siguiente volvió a excusarse en el trabajo y cogió el primer AVE de la mañana en dirección a Madrid.

Bajó en la estación de Chamartín y a la salida subió a un taxi. Una vez en el asiento trasero, indicó la dirección a donde iba, una calle en el barrio de Moratalaz. Tras diecisiete minutos de recorrido por la M-30, el taxi se detuvo ante unos modernos bloques de viviendas, separados unos de otros por espacios ajardinados. Su arquitectura era bastante impersonal, se notaba que era una zona residencial de nivel medio.

Localizó el número de portal que tenía anotado y pulsó en el ascensor el botón del sexto piso. Una vez en el rellano se detuvo delante de la letra B y llamó al timbre. A los pocos segundos abrió un hombre de unos treinta años y estatura inferior a la media, moreno, con ojos saltones, cara redondeada y bastantes kilos de más. Vestía vaqueros y una camiseta *friki*. Pedro intuyó que era el marido de

Olitas, pero jamás hubiera pensado que tendría esa pinta. A la pregunta «¿qué desea?», contestó tajante:

—Me llamo Pedro.

—Hola, soy Marcos —lo miró fijamente sin mostrar extrañeza.

—Busco a Olga y sé que está aquí. Imagino que serás su marido.

A Pedro le dio la impresión de que esperaba su visita. Tras unos instantes en silencio, Marcos cambió de actitud y se dirigió a él con agresividad:

—¿Pedro? ¿Eres tú el tipo al que se insinuaba mi mujer por Internet? ¡Márchate de aquí ahora mismo, no te quiero ni ver! —dijo dándole un empujón al mismo tiempo que intentaba cerrar la puerta.

Pero Pedro la interceptó con el pie abriéndola de un empujón. Estaba lleno de ira contra él, principal impedimento para verse con Olga. Propinó a Marcos un fuerte puñetazo lanzándolo hacia el interior de la vivienda, donde cayó al suelo sin conocimiento.

Pedro dio un portazo tras entrar en la vivienda. Encontró frente a él una larga bancada junto a un amplio ventanal, sobre la que había un ordenador con dos pantallas. Se acercó a ellas y leyó conversaciones similares a las que había mantenido con Olitas. Abrió una de las carpetas que encontró sobre la mesa y de ella se desparramaron fotos de jóvenes desnudas en pose provocativa. Cada una estaba sujeta con un clip a varios papeles, en los que había anotaciones que parecían registros de entrada de dinero. También encontró una pila de CD's, con los textos escritos en cirílico. Cogió uno de ellos al azar y lo introdujo en el lector. Al hacer clic en el icono que apareció en pantalla, se mostró una galería de chicas en poses sugerentes, de quienes dudó si serían modelos de poca monta o actrices porno. Pedro estaba cada vez más confundido. ¿Qué era todo aquello?

Marcos volvió en sí, Pedro se abalanzó sobre él, lo agarró de las solapas y, sin parar de gritar le abofeteó allí mismo, tendido en el suelo.

—¡¿Dónde está Olga, qué has hecho con ella?! ¡Dímelo o te mato!

—¡Estás loco! ¡Déjame! —Marcos, asustado, se protegía con las manos—. ¡Olga no existe, ni Olga ni Olitas ni ninguna de estas chicas! ¡Las he inventado yo, les he puesto nombre a estas fotos compradas!

—¿Qué estás diciendo? ¡Quiero saber dónde está! —gritaba mientras estampaba las sillas contra las paredes.

El joven pudo arrastrarse hasta la mesa donde tenía su ordenador, consiguió abrir la foto en la que se mostraba a Olga desnuda y se encaró con Pedro.

—¡Mira, estúpido! —gritó Marcos. ¡Mira bien!

—¡Es Olitas! ¿Cómo es posible que tú tengas esa foto? —Pedro se quedó perplejo al contemplar la pantalla.

—¿Pero es que todavía no te has dado cuenta? —dijo poniéndose en pie con dificultad—. ¡Todo lo que has vivido con ella ha sido un engaño! ¡ ¡Lárgate ya de aquí o llamo a la policía!

—¿Un engaño? ¿De qué quieres convencerme? —preguntó Pedro incrédulo.

—¡No seas idiota! ¿todavía necesitas más pruebas? Soy hacker y me dedico a entrar en las páginas de contactos, intercepto a quienes, como tú, derrochan en busca de sexo y les pongo el anzuelo. Después, ya lo sabes, a gastar en mensajes para conseguir lo que no llegará nunca. ¿Es que no lo ves?

—¡Embustero! ¿Crees que voy a tragarme tus argumentos para que deje a Olitas contigo? ¡Ella me desea y voy a llevármela!

—¡Además de necio eres un obseso! ¡Admítelo de una vez! ¡Todo es mentira! Y no se te ocurra denunciarme porque te llevarás la peor parte, ya sabes: allanamiento de morada y violencia.

Pedro seguía mirando la foto con estupor. De súbito, fue hacia la pantalla, la arrancó de la mesa y la destrozó arrojándola con fuerza contra el suelo.

—¡Mientes! —gritaba histérico tras volver a propinar a Marcos varios puñetazos y patearlo una vez más—. ¡Me has contado una historia absurda! ¡Quieres engañarme para que no pueda verla! ¿Dónde está Olga? ¿Qué le has hecho? ¡Dímelo o te reviento!

Continuó con los puñetazos, que no paró de propinarle a pesar de que Marcos había perdido de nuevo el conocimiento. Pedro gritaba de rabia mientras lo golpeaba repetidamente, hasta que la voz de alarma de un vecino le hizo reaccionar. Fue en ese momento cuando se asustó al creer que lo había matado. Zarandeó a Marcos, pero no se movía. Los gritos del vecino se oyeron de nuevo. Fue deprisa al lavabo y se limpió la sangre de las manos. Salió de la vivienda y bajó precipitadamente las escaleras para no encontrarse con nadie en el ascensor. Corrió por la calle hasta que pudo parar un taxi, al que indicó que le llevara a la estación de Chamartín.

Llegó casi puntual al AVE de las catorce y diez hacia Alicante. Comió un bocadillo en el tren. Al llegar a su casa fue directo a encender el ordenador y tecleó la URL de la web. Estaba «inoperativa provisionalmente», según leyó.

¿Cuánto tiempo iba a estar cerrada? No le importaba porque tenía la seguridad de que Olitas, más tarde o más temprano, se comunicaría con él. Abrió en el monitor una de sus fotos, aquella en la que aparecía arrodillada de escorzo con sus atributos bien visibles y la mirada inocente y tierna. Sentado en el sofá, puso el portátil sobre la mesita de centro y fijó sus ojos en la pantalla. Pasó horas frente a ella, había perdido la noción del tiempo. Olitas debía escribirle para hacer real ese encuentro que tanto ansiaba, se lo había prometido. Tenía que llegar su mensaje citándolo para hacer el amor.

Marcos volvió en sí y pudo pedir ayuda a los vecinos, quienes lo reanimaron y llamaron a la policía. Los agentes avisaron a una ambulancia para llevarlo al hospital. El agredido no quiso poner una denuncia, no podía dejar constancia del motivo por el que había recibido aquella paliza porque podrían descubrir su fraudulento negocio. Pasadas unas semanas, ya recuperado, volvió a activar la web, pero sin Olitas.

Pedro siguió esperando.

**Acuarela de Gastón Castelló pintada
en la cárcel de Alicante**
Foto: Galería de pintura Up Art

EL RETRATO

El marco elegido es la cárcel de Alicante, llamada «Reformatorio de Adultos» en la época de la posguerra. El relato surge de una charla con el fallecido pintor costumbrista alicantino Gastón Castelló, en la que, cambiando impresiones sobre las acuarelas que realizara cuando estuvo preso, confesó que una de ellas había sido encargo de un condenado a muerte. Desde esa premisa construí una historia en la que unos personajes de ficción, Óscar, Manuel, Juan y Paquito, se mueven en escenarios reales del reformatorio, tales como «el tubo», lugar de los condenados a muerte. El relato también describe el hacinamiento en las celdas nada más acabada la guerra y las condiciones infrahumanas en las que en ellas apiñaban a los presos.

Totalmente verídico es el temido Padre Vendrell, a quien el Ayuntamiento de Alicante tuvo dedicada una de las principales avenidas de la ciudad, hasta que en 1987 su denominación fue sustituida por la de Eusebio Sempere en honor al artista de Onil. Cierto asímismo es que, como comentan los presos, guardaba bajo su sotana una cruz que denominaban «del nueve largo», y que cuando se dirigía con cariño, crucifijo en mano, a algún recluso, su fusilamiento era inminente.

En cuanto a los dibujantes de retratos en la Explanada, todavía siguen ubicándose en la zona comprendida entre el kiosko Peret y la Casa Carbonell, y continúan siendo, al caer la tarde, un atractivo turístico en el paseo más emblemático de la ciudad.

Kiosko Peret y Casa Carbonell
Foto: Alicante Plaza

¿LOS ÁNGELES TIENE SEXO?

La idea partió de la contemplación de una pintura que, realizada en 1961 por un artista recién incorporado a la docencia, Pepe Azorín (José Díaz Azorín), representaba una anunciación, que decoraba a modo de improvisada capilla una pared del colegio Juan XXIII de Alicante. No he podido conseguir ninguna fotografía de esta obra, que me impactó en mis años de estudiante de bachiller, pues fue borrada tras el cambio de sociedad y nombre del colegio (en 1994 los nuevos propietarios lo denominaron Médico Pedro Herrero). Un atentado más hacia una obra de arte.

El Centro de Estudios Juan XXIII fue el resultado de constituirse una sociedad denominada PRESELE (Profesores Reunidos de Enseñanza, Sociedad Limitada), formada en su mayoría por docentes represaliados que no tenían permitido por el estado franquista dar clase en centros oficiales. Buena parte de ellos procedía de la academia San Juan Bosco, que, ubicada hasta 1958 en la calle Castaños de Alicante, dirigía Juan Giner Giner, licenciado en Filosofía y Letras, quien lideró el nuevo colegio desde su fundación en 1959 hasta mediada la década de los 60. Son profesores recordados: Gabriel Amat, Ludovico Correa, José Quesada, Pilar Jorge, José Martínez, Julián Delgado, y un largo etcétera.

¿Los ángeles tienen sexo?, obra seleccionada en 2020 para formar parte de una antología de relatos LGTBIQ+ editada en Andalucía, muestra los motivos que impulsan a Alberto, afamado y atormentado artista, a salir del armario.

El bar donde se citan Alberto y Mario, que ahora ya no existe, ubicado en la calle Ab-El-Hamet, fue el primer establecimiento de Alicante frecuentado por homosexuales. Ningún letrero indicaba su existencia y durante el día estaba completamente cerrado con una persiana metálica gris. A principios de los años 70 era clandestino y restringido, pero llegué a conocerlo cuando un amigo, asiduo cliente del lugar, me invitó allí a tomar una copa para confesarme que era *gay*.

3-4-5-6

Segundo premio de relatos en el Certamen de la Asociación Cultural El Carpio del Principado de Asturias en 2017.

Durante un viaje a Viena como acompañante de la Orquesta de Jóvenes de la Provincia de Alicante (OJPA), de la que mi hijo Luis formaba parte, me impactó la impresionante mole del templo dedicado a San Carlos Borromeo. En su interior pude contemplar muy de cerca las pinturas, en fase de restauración, subido a los andamios instalados junto a ellas. La escena del ángel que incendiaba una partitura fue el punto de partida para esta historia. Precisamente acababa de leer un interesante artículo sobre la música medieval y el denominado tritono del diablo. De hilar ambos elementos surgió la trama.

Los personajes son ficticios, pero todos los lugares que les sirven de escenario son reales (hoteles, cafés, calles, museos, etc.). El incendio de la Abadía de Heiligenkreuz es igualmente veraz. Los números de catálogo y títulos de obras de Mozart también se corresponden con la realidad, al igual que la dirección del cementerio donde está enterrado el músico y la denominación de la secta a la que pertenece Rudy.

3-4-5-6 es un relato construido con cuatro cifras que, aunque una a una tengan un significado, juntas llegan a desvelar el misterio que Damián andaba buscando y que tan caro le iba a costar.

Resultó muy laborioso el proceso de búsqueda de datos para ir creando todas las coincidencias con el número que da título a la historia.

Abadía de Heiligenkreuz, descrita en el relato
Foto de Tripadvisor

ENTRE ESPÍRITUS Y PASIONES

Relato publicado en la antología titulada *El Orden y el Caos*, correspondiente a la V entrega de *Palabras de Seda Fina*, editada por Los libros de Balmenhorn en 2018.

En 1977 pude asistir a una sesión de espiritismo en un piso del número 5 de la calle Santo Tomás. Era un grupo muy hermético formado por pocas personas, todas bastante mayores, coordinado por la propietaria de la pastelería La Parisién, en la Rambla de Méndez Núñez de Alicante.

Por aquellos años yo frecuentaba el grupo Hermes, lugar de espiritualismo y esoterismo, al que acudíamos jóvenes atraídos tanto por las doctrinas hinduistas, tan de moda entre los hippies de la época, como por las ciencias ocultas y, ¡cómo no!, por la ufología. Había otro sector de gente de más edad que, quizá por falta de alicientes o por vacío emocional, creían ver espíritus por todos lados, se consideraban en posesión de facultades psíquicas y todo lo achacaban a los fenómenos paranormales. A través de este grupo, conseguí, tras mucho intentarlo, presenciar dicha sesión espiritista. El lugar, la atmósfera y lo que allí ocurría, es tal como lo narro, pero los nombres se han cambiado. También es real el lugar del cementerio donde se reúnen los hermanos en la escena final. Todo lo demás es pura ficción.

Ignoro si el grupo sigue reuniéndose en otro lugar, pero lo cierto es que las doctrinas de Allan Kardek, continúan vivas.

Sacó un pequeño frasco negro cerrado
herméticamente con un corcho
Foto: vegaoo.es

ADORO A MILES DAVIS

Siempre me ha gustado Miles Davis, lo considero un maestro del *jazz* además de unos de los músicos más sobresalientes del siglo XX. La idea del relato surgió tras el visionado de la película *Miles Ahead*, que muestra una versión prepotente del genio, tal como era en realidad, si bien el film, acompañando a la magia que emanaba de su trompeta, transmite además un conjunto de enseñanzas musicales y de auto superación dignas de tener en cuenta.

He reproducido en el relato varias frases de Miles, que me parecen geniales. Pero lo más importante es mi denuncia del problema de muchos jóvenes músicos que luchan por lograr un puesto que les permita desarrollar su carrera y ver compensado el trabajo, dedicación y desvelo que supone conseguir un grado superior de conservatorio, sobre todo en este país, donde lamentablemente se da la espalda a la cultura musical.

Importante también ha sido dejar constancia de la mediocridad de esta clase de músicos que consiguen triunfar a base de imitar el trabajo y creatividad de los demás. Un claro ejemplo de ello en la ficción sería cómo Salieri, para su propia gloria, pretendía firmar el *Requiem* de Mozart en la película *Amadeus*. De igual modo, en mi relato, un músico copia composiciones ajenas, las hace suyas, e incluso defiende su autoría ante los tribunales. No es un caso aislado ni ficticio, podemos encontrar hechos como este.

Todos los lugares de Barcelona en los que tiene lugar la trama, así como la casa de grabación de discos de jazz, son reales.

Wad-Ras. Cárcel de mujeres de Baercelona
Foto: Wikipedia.

CONFESIONES EN LA ARGENTINA

Publicado en la antología titulada *Del alma, sus sombras y luces*, correspondiente a la VI entrega de *Palabras de Seda Fina*, editada por Los libros de Balmenhorn en 2019.

Conocí a una persona tal como la que describo en el relato. Tenía cáncer y una hermana. Ella sigue viva y perfectamente bien; su muerte y todo lo que narro sobre Carmina son pura ficción. Pero sí es cierto que perdí la pista de esa persona y la reencontré años después a través de *Facebook* en una llamada desesperada de atención a causa de su enfermedad y su soledad. También es verídico que nos citábamos a charlar en Espigas, un lugar agradable con ambiente argentino y unos pasteles de dulce de leche que tiran de espaldas. Y lamentablemente cierto es asimismo que mi amigo falleció y que estuve en su funeral y despedida.

Confesiones en la Argentina pretende ser un alegato en defensa de las personas solitarias, que no han tenido la fuerza suficiente para alzarse sobre la adversidad y se han hundido en una depresión que les ha inducido incluso al suicidio, que han sido olvidados por los amigos y hasta por la familia. Porque es posible que en una misma persona puedan juntarse a la vez soledad, enfermedad, frustración, desengaño amoroso, e incluso pérdida del hogar. Y cuando eso ocurre, o te levantas sobre tus cenizas o, como mi amigo, te hundes en la miseria. Y para seguir adelante, es fundamental el papel de quienes te rodean: sin ofrecerte consejos, eso no vale de nada; sólo comprenderte, escucharte y no darte la espalda.

Pedí un cortado acompañado por una pieza
de repostería rellena con dulce de leche
Foto: https://pasteleriaespigas.com/carta/

OLITAS

Relato publicado en la antología titulada *Todo lo que puedas soñar*, correspondiente a la VIII entrega de *Palabras de Seda Fina*, editada por Los libros de Balmenhorn en 2021, cuando la pandemia nos paró la vida.

Olitas es una persona real, así se hacía llamar en las redes sociales. La conocí buceando en una página de contactos. Porque, por más que deteste el mercado de la prostitución y tenga claro que no pagaría por tener sexo con quien lo hace por dinero, necesité introducirme en ese ambiente para escribir el relato y conocer los entresijos del comercio carnal. Así es su trabajo: hay quién lo ejerce por necesidad y quién bajo coacción de las mafias. Las dos maneras cosifican a la mujer.

Navegando por Internet pude descubrir el negocio de esas páginas. En ellas, las mujeres, en teoría, no cobran por sus favores sexuales, esperan en actitud pasiva a que los hombres las elijan y gasten dinero para conseguir un contacto en vivo. Quizá le haya funcionado a algún desesperado para desahogarse; no lo dudo, pero seguro que tras una larga espera y un abultado desembolso.

Encontré a Olitas. Era tal como la describo en el relato, y me bastó intercambiar algunos mensajes con ella para darme cuenta de lo que había detrás de esa imagen tan atractiva y cautivadora.

¿Por qué elegí este tema? Quería escribir sobre la obsesión que puede llegar a dominar al individuo cuando graves alteraciones emocionales le desbordan, siendo una válvula de escape que le persigue de tal manera que incluso puede someter a su mente consciente.

En *Olitas* se unen varios factores: un erróneo consejo psicológico a una persona que necesita controlar sus emociones, un desengaño amoroso no aceptado por una de las partes, la necesidad de afianzamiento personal y los problemas ocasionados por la obsesión, que posibilita la negación de lo evidente en busca de un imposible.

Partiendo de la veraz conversación inicial con Olitas, el resto es pura ficción.

Trece detenidos por extorsionar a usuarios de páginas web de contactos sexuales en las que publicaban anuncios falsos

Después, ya lo sabes, a gastar en mensajes para conseguir lo que no llegará nunca

Foto: Timisss Local web

ALAS DE PAPEL